AF543845

WITZE & DENKSPIELE

INHALT

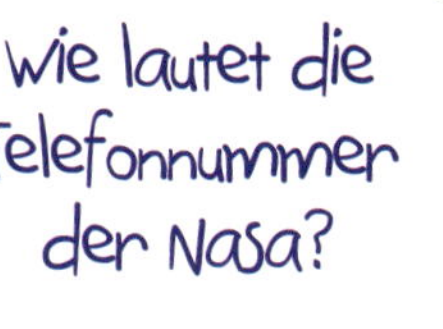

Wie lautet die Telefonnummer der Nasa?

10 9 8 7 6 5 4 3 2 1

SCHAURIGE WITZE

Ein Skelett muss niesen.
„Gesundheit", sagt ein anderes.
Seitdem ist das Skelett tödlich beleidigt.

Ein Skelett kommt an die Bar:
„Bitte ein Bier und einen Aufwischlappen.“

„Ist es schlimm, Herr Doktor?“,
fragt das Skelett nach der Untersuchung.
„Das kann ich noch nicht sagen,
ich muss Sie erst mal röntgen.“

Beim Zahnarzt.
„Ist etwas mit meinen Zähnen?“,
fragt das Skelett. „Nein, aber Ihr
Zahnfleisch macht mir Sorgen.“

Sagt der Arzt zum Skelett:
„Sie kommen reichlich spät."

„Ich glaube, Sie haben das Schlimmste schon hinter sich!", sagt der Arzt beruhigend zum Skelett.

Ein Gast irrt nachts in einem alten Schloss durch die Korridore. Da trifft er auf ein Gespenst. Es klagt ihm sein Leid: „Buhuu! Ich hause schon seit über 400 Jahren hier." – „Das trifft sich ja gut", sagt der Gast. „Dann wissen Sie sicher, wo hier die Toiletten sind."

Welcher Geist spukt
für sich allein?
Der Flaschengeist

„Haben Sie Haustiere?“,
wurde das Skelett gefragt.
„Ja.“ – „Welche?“ – „Piranhas.“

Zwei Skelette treffen sich auf dem Friedhof.
Da sagt das eine Skelett zum anderen:
„Komm, wir gehen in die Stadt und
kaufen uns ein Motorrad."
Da fragt das andere Skelett:
„Und warum nimmst du deinen Grabstein mit?"
„Weil man ohne Führerschein nicht fahren darf."

Warum können Skelette nicht Fahrrad fahren?
Weil sie kein Sitzfleisch haben!

Das Skelett wird von einem Freund angesprochen.

„Gut schaust du aus. Wo warst du denn im Urlaub?"

„Auf dem Friedhof."

Ein Skelett wird angerempelt
und fällt hin. Ein Passant hilft ihm:
„Haben Sie sich verletzt?"
„Nein, aber zu Tode erschreckt!"

Es ist Winter und das Skelett
trifft einen Freund.
„Bitterkalt ist es geworden", meint dieser.
„Ja", entgegnet das Skelett,
„man friert bis auf die Knochen."

KARTENRÄTSEL

Drei Damen und drei Herren lernen sich auf einer Reise kennen. Alle sechs Personen haben etwas ungewöhnliche Namen – dafür aber den Vorteil, dass durch Umstellung ihrer Namen und Herkunftsstädte ihre Berufe festgestellt werden können. Zwei der Herren haben zufällig denselben Beruf. Ordne die Berufe der richtigen Karte zu: Fußballtrainer (2-mal), Krankengymnastin, Automechaniker, Kosmetikerin, Filmschauspielerin

Teo
Murki
Aachen
Felice Sh. Asprini
Ulm
Inga S. N. Kyrn
Kemnat
Ralf A. Tuß
Berlin

SCHULWITZE

Lehrer: „Aufwachen, Peter! Ich glaube nicht, dass das Klassenzimmer der richtige Ort für ein Nickerchen ist."
Peter: „Geht schon. Sie müssen nur etwas leiser sprechen."

Der Deutschlehrer ist auf Krawall gebürstet: „So geht's nicht! Immer wenn ich hier den Mund aufmache, fängt ein Idiot an zu reden."

Was ist der Unterschied zwischen der Schule und dem Irrenhaus? Die Telefonnummer!

Lehrerfrage: wie Kannst du „Wurst" mit zwei „t" schreiben?

Schülerantwort: Mit Kugelschreiber.

Der Lehrer lässt die Schüler in einer Reihe antreten. „Wer von euch glaubt, der Faulste zu sein, soll einen Schritt vortreten, der braucht heute seine Hausaufgaben nicht zu machen." Alle treten einen Schritt vor, nur einer nicht. „Nun, was ist mit dir?" – „Zu mühsam."

„Gibt es denn keine Möglichkeit,
meinen Sohn zu versetzen?",
fragt der verzweifelte Vater
in der Elternsprechstunde.
„Nein", antwortet der Lehrer.
„Mit dem, was ihr Sohn alles nicht weiß,
können noch drei weitere sitzenbleiben!"

Eine Schulklasse
bekommt das
Aufsatzthema:
„Unser Hund".
Der kleine Reiner schreibt:
„Unser Hund.
Wir haben keinen!"

Ben wird in
der Schule gefragt,
was man unter
drei hoch eins versteht.
Er antwortet:
„Einen Hund, der an
einem Baum steht."

Lehrerfrage:
„Warum enthält die
Milch Fett?“

Schülerantwort:
„Weil der Kuheuter sonst beim
Melken quietschen würde.“

Georg zeigt seinem Vater das Zeugnis.
„So ein mieses Zeugnis hast du ja noch nie
gehabt!“, brüllt der Vater wütend.
„Nein, Papi“, freut sich Georg,
„das ist ja auch gar nicht von mir.
Das habe ich in deinen alten Sachen
auf dem Dachboden gefunden.“

Die Mutter mahnte: „Paulchen, bevor du zur
Schule gehst, wasch dir die Hände.“
„Och, ich glaube, das ist nicht nötig.
Ich melde mich heute sowieso nicht.“

Lehrerfrage:
„Warum heißt es Muttersprache?“

Schülerantwort:
„Weil Vater nie zu Wort kommt.“

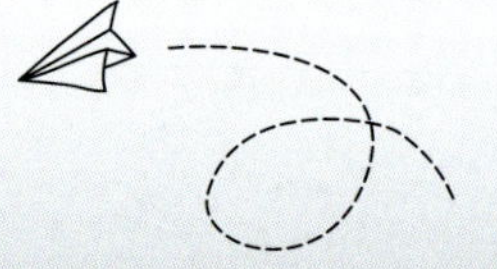

„Ich wiederhole“, sagt der Lehrer, „ein Anonymer ist ein Mensch, der unbekannt bleiben will. Hey, wer lacht da?“ Stimme aus der Klasse: „Ein Anonymer!“

„Wie gefällt’s dir denn in der Schule, Uwe?“
„Sehr gut, nur die vielen Stunden zwischen den Pausen langweilen mich.“

„Karl der Große", lehrte die Lehrerin, „hatte eine Reihe guter Eigenschaften. Leider zeigt sein Charakter aber auch einige Schattenseiten. Wer kann mir eine nennen?"
Oskar meldete sich sofort und sagte: „Er baute Schulen!"

Lehrer: „Karl, kannst du mir sagen, zu welcher Familie der Walfisch gehört?"
Karl: „Ich kenne überhaupt keine Familie, die einen Walfisch hat, Herr Lehrer."

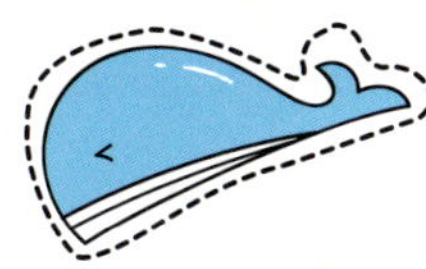

Fritz, wenn du sagst: „Das Lernen macht mir Freude!", was für ein Fall ist das?

Ein sehr seltsamer Fall, Herr Lehrer!

Lehrerfrage:
„Welches ist das
älteste Musikinstrument?"

Schülerantwort:
„Die Ziehharmonika,
die hat die meisten Falten!"

„Herr Lehrer, ich habe meine Hausaufgaben nicht gemacht, weil Sie gestern so schlecht aussahen. Ich dachte, Sie kriegen die Grippe."

Es gibt Zeugnisse.
Zu Reiner sagt der Lehrer:
„Wenn dein Vater dein Zeugnis sieht, bekommt er graue Haare."
„Da wird er sich aber freuen – er hat eine Glatze."

Lehrerfrage:
„Was sind Mumien?"

Schülerantwort:
„Eingemachte Könige."

BOOM!

Mama: „Und, Patrick,
wie war es in der Schule?"
Patrick: „Echt klasse. Wir haben
Sprengstoff hergestellt!"
Mama: „Ihr macht ja wirklich tolle Sachen.
Und was macht ihr morgen in der Schule?"
Patrick: „Welche Schule?"

Der Direktor kommt in die Klasse,
als Gerda gerade die Frage des Lehrers
beantworten will: „Ich ist ..."
„Das heißt ‚ich bin'", unterbricht der Direktor sie.
„Also gut. Ich bin ein persönliches Fürwort."

Wie nennt man einen Menschen, der redet, ohne dass ihm jemand zuhört?

Lehrer, Herr Lehrer!

Lehrerfrage: „Nenne mir fünf Tiere, die in Afrika leben."
Schülerantwort: „Drei Giraffen und zwei Zebras."

„Wo ist dein Zeugnis?" –
„Bei meinem Freund Heiko." –
„Warum?" –
„Er wollte seine
Eltern erschrecken."

Chemielehrer:
„Wenn ich bei diesem Versuch nicht höllisch aufpasse, fliegen wir alle in die Luft. Nun kommt ein wenig näher, damit ihr mir besser folgen könnt!"

Lehrerin:
„Tut mir leid, Peter,
aber mehr als eine 5 minus
kann ich dir in
Französisch nicht geben.“ –
Peter: „Gracias.“

Die Musiklehrerin sagt zu Heidi:
„Sing bitte die Note C!“
Heidi singt. „Sehr gut“,
lobt die Lehrerin, „und nun G.“
Sagt Heidi: „Super! Dann also bis morgen!“

Lehrerfrage:
„Nennt mir einen Satz mit ‚säen und Samen‘!“
Schülerantwort:
„Auf Wiedersehen beisammen!“

Peter muss zur Strafe 100-mal schreiben:
„Ich darf den Lehrer nicht duzen."
Er schreibt es 200-mal.
„Warum denn das?", fragt der Lehrer.
Peter: „Weil ich dir eine Freude machen wollte."

„Kannst du schon schwimmen, Fritz?"
„Ja, Herr Lehrer."

„Wo hast du es gelernt?"
„Im Wasser."

„Mutti, wir haben heute fünf Stunden Englisch gehabt."

„Tröste dich, die Engländer haben das den ganzen Tag."

In jedem der folgenden sechzehn Sätze ist der Name einer Stadt versteckt. Kannst du sie finden?

Die Natur in der Schweiz ist herrlich.

Auf der Insel Ceylon donnert und blitzt es viel.

Hurrah! Alle Kinder haben Ferien!

Du darfst nicht vergessen, deine Mutter zu grüßen!

Zaubern kann ich schließlich auch nicht.

Das Gewitter in den Bergen
war schauerlich schön.

Der arme Hermann, Heimweh ist nicht schön.

Im Wald laufen viele
Hamster, Damhirsche
und Wildschweine.

Die Romane von
Joanne K. Rowling
sind weltberühmt.

Wie nett, dass du mich heute besuchen willst.

Mia mietet nächste Woche eine riesige Hüpfburg für ihren Geburstag.

Kastanien sind noch kahl, aber Linden haben schon Blätter.

Ich werde mir den „Kosmos" kaufen.

Papa risikiert es, geblitzt zu werden, wenn er so schnell mit dem Auto fährt.

Sie wurde nach einer Göttin genannt.

Die Tankstelle in unserem Dorf heißt „Auto Kiosk", weil es eine Autowerkstatt und ein Kiosk ist.

TIERISCHE SCHERZFRAGEN

1.) Warum hat der Hahn nur zwei Augen?

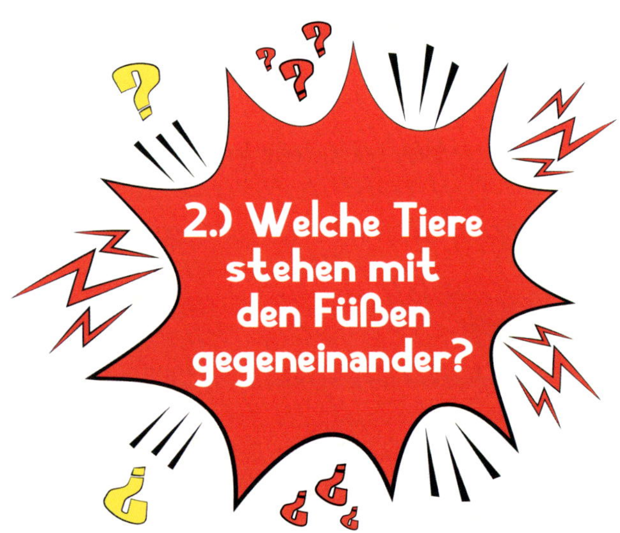

4.) Welche Vögel kommen nie auf einen grünen Zweig?

5.) Welcher Hahn kräht nicht?

7.) Welche Tiere feiern ihr ganzes Leben lang Geburtstag?

8.) In welchem Getränk hat sich ein Tier versteckt?

9.) wie heißt eine Meise, die nicht fliegen Kann?

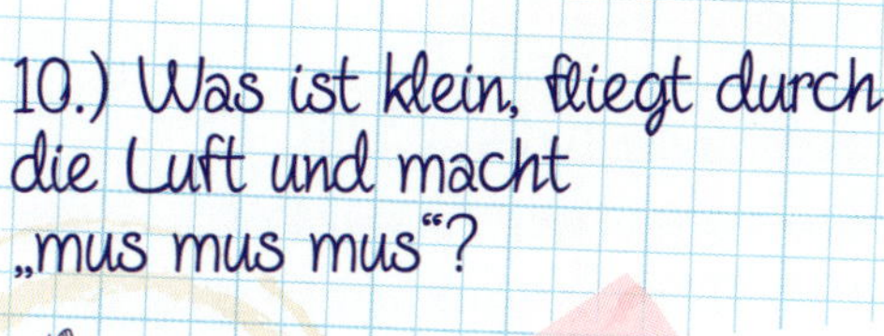

10.) Was ist klein, fliegt durch die Luft und macht „mus mus mus"?

11.) Was ist das Kälteste Tier?

12.) Welches Tier frisst am wenigsten?

13.) Wie weit läuft der Hirsch in den Wald?

14.) Es sitzt im Wald und schreit die ganze Zeit „Aha, Aha". Was ist das?

15.) Wann fangen die Gänslein an zu schwimmen?

16.) Welche Fische haben die Augen am engsten zusammen?

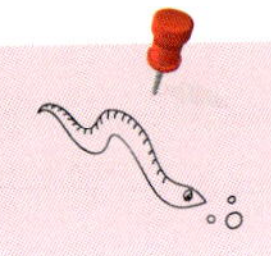

17.) Geht ein Frosch in den Laden. Was bestellt er beim Verkäufer?

18.) Welches Pferd hängt dir mitten im Gesicht?

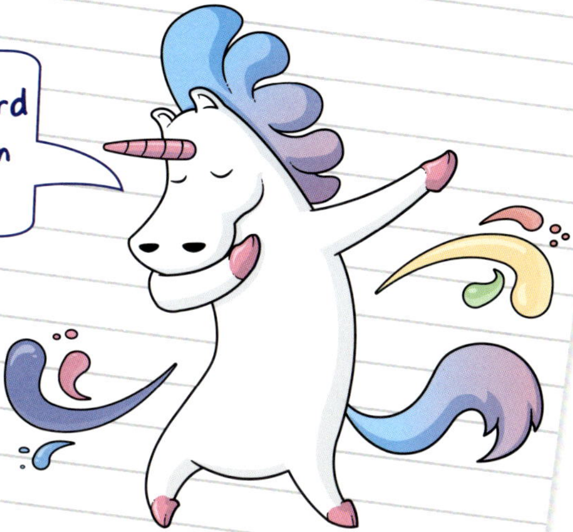

19.) Was ist der Unterschied zwischen einem Pferd und einem Kaktus?

20.) Welche Tiere haben zwei Nasen?

21.) Warum wedelt der Hund mit dem Schwanz?

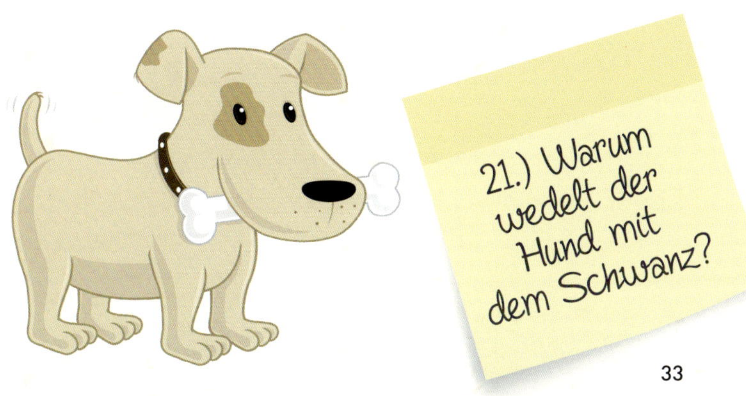

1.) 30 Schornsteine plus 23 Schornsteine plus 7 Schornsteine. Was kommt da heraus?

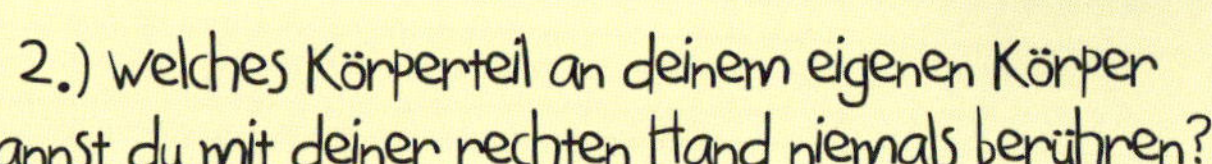

2.) Welches Körperteil an deinem eigenen Körper kannst du mit deiner rechten Hand niemals berühren?

4.) Ein Junge kauft in einem Supermarkt eine große Tüte Popcorn und ein Päckchen Kaugummi. An der Kasse zahlt er für beide Produkte 5 Euro. Die Popcorntüte kostet 4 Euro mehr als die Kaugummis. Wie viel kostet das Kaugummipäckchen?

5.) Mira lebt im zwölften Stockwerk
eines modernen Wohnhauses,
in dem sich ein Aufzug befindet.
Jedes Mal, wenn sie im Erdgeschoss
den Aufzug betritt und niemand mitfährt,
drückt sie den Knopf zum sechsten Stockwerk,
steigt dort aus und geht
die Treppen hinauf bis zur zwölften Etage.
Sie würde viel lieber bis zu ihrer Etage
mit dem Fahrstuhl hinauffahren.
Warum macht sie es so umständlich?

6.) Welche Zahl gehört an die
Stelle des Fragezeichens?

1 2 4 7 11 16 ?

7.) Drei Männer sitzen in einem Schlauchboot. Dann bekommt das Boot ein Loch und sinkt vollständig. Nur 2 der 3 Männer haben dabei nasse Haare bekommen. Wie geht das?

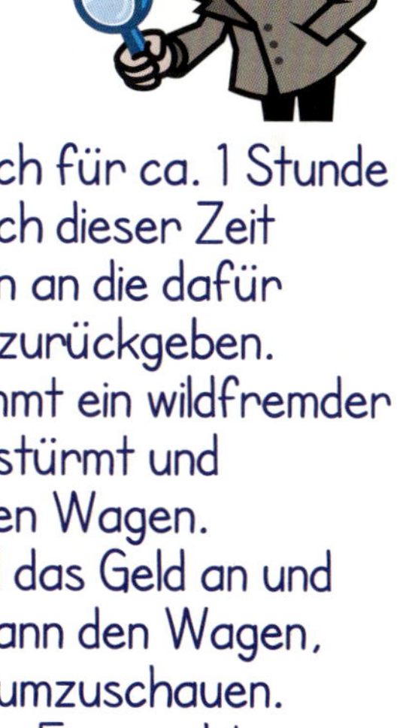

8.) Eine junge Frau leiht sich für ca. 1 Stunde einen Wagen aus. Nach dieser Zeit möchte sie den Wagen an die dafür vorgesehene Station zurückgeben. Doch kurz vor dem Ziel kommt ein wildfremder Mann auf sie zugestürmt und gibt ihr Geld für den Wagen. Die Frau nimmt dankend das Geld an und gibt dem wildfremden Mann den Wagen, ohne sich noch einmal umzuschauen. Dennoch hat die junge Frau nichts Verbotenes gemacht. Wieso nicht?

9.) Peters Mutter hat 4 Kinder. Das erste Kind wurde auf den Namen „Januar“ getauft. Das zweite Kind hat den Namen „März“ und das dritte hört auf den Namen „Mai“. Wie heißt das vierte Kind?

10.) Du hast 20 Kinder und einen Korb mit 20 Äpfeln. Jedes Kind soll einen Apfel bekommen, jedoch soll ein Apfel im Korb bleiben. Wie kann man es schaffen, dass alle Kinder einen Apfel bekommen?

11.) Daniel führt gerne die beiden Hunde des Nachbarn aus, um sein Taschengeld aufzubessern. Bei seinem Weg durch den Park geht er immer die gleiche Strecke und läuft dabei 4,5 km.
Wie viele Kilometer müsste er laufen, wenn er statt zwei Hunde, vier Hunde gleichzeitig im Park ausführen würde?

13.) Auf einer großen Wiese liegen ein Hut, eine Karotte und fünf Kohlestücke auf dem Rasen. Wie sind diese Gegenstände dahingekommen und vor allem warum?

14.) Ein Pferd, zwei Kühe, drei Spinnen, vier Hühner und fünf Fische oder dreiundzwanzig Tauben. Wer hat mehr Beine?

15.) Matrose Peter streicht auf Befehl seines Kapitäns das ganze Schiff blau an. Dabei schwebt er an einem Seil, welches an der Reling festgeknotet ist, 30 cm über der Wasseroberfläche. Die Flut setzt ein und nach 4 Stunden steht das Wasser 60 cm höher im Hafen. Nach wie viel Stunden bekommt Matrose Peter nasse Füße?

16.) Eine zehn Bände umfassende Enzyklopädie steht in einem Regal. Jeder Band ist fünf Zentimeter dick. Stell dir vor, ein Bücherwurm beginnt an der Vorderseite vom Umschlag des ersten Bandes und frisst sich in einer geraden Linie bis zur Rückseite vom Umschlag des letzten Bandes durch. Welche Strecke legt der Wurm zurück?

17.) In einem Schrank liegen zehn weiße und zehn schwarze Socken. Wie viele Socken musst du im Dunklen maximal heraus holen, um ein gleichfarbiges Paar zu bekommen?

18.) Peter und Hans haben 20 Euro und sollen diese so unter sich aufteilen, dass Hans einen Euro mehr bekommt als Peter. Wie viel Geld bekommt Hans?

19.) Ich bin voller Löcher, aber dennoch halte ich das Wasser. Wer bin ich?

20.) Zwei Pfadfinder sammeln Holz für ein großes Lagerfeuer. Nach 20 Minuten haben beide 24 große Äste auf zwei Haufen gelegt. Der eine Pfadfinder war sehr fleißig und hat doppelt soviel Äste gesammelt wie der andere. Wie viele Äste hat jeder von den beiden gesammelt?

21.) Du brauchst vier Minuten, um vier Eier zu kochen. Wie viele Minuten benötigst du, um zehn Eier zu kochen?

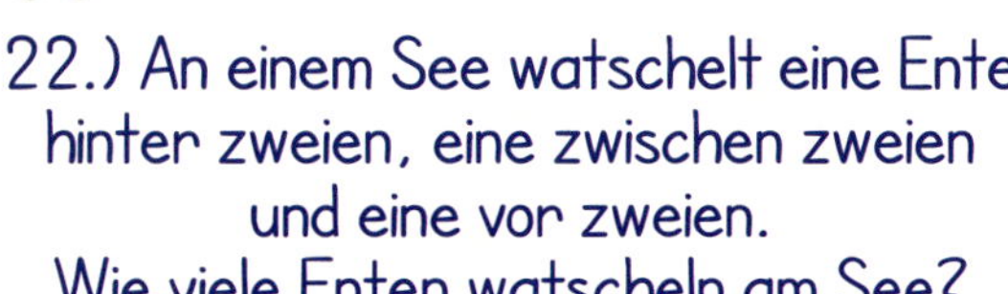

22.) An einem See watschelt eine Ente hinter zweien, eine zwischen zweien und eine vor zweien. Wie viele Enten watscheln am See?

23.) Ein Bauer steht mit einer Ziege, einem Wolf und einem Kohlkopf an einem Fluss, den er überqueren muss. Das Boot ist aber sehr klein und kann nur zwei fassen. Die Ziege darf aber nicht mit dem Wolf alleine bleiben, da der Wolf sie fressen würde. Die Ziege darf aber auch nicht mit dem Kohlkopf alleine bleiben, da sie den Kohl verspeisen würde. Wie kann der Bauer nun alle wohlbehalten über den Fluss bringen?

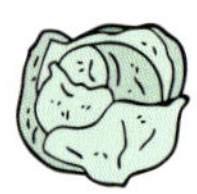

25.) Vier Kinder radeln um die Wette. Paula fährt langsamer als Basti und Lina, Basti fährt langsamer als Lina, aber nicht so langsam wie Ben. Wer ist am schnellsten?

26.) Du befindest dich in einem alten Kellergewölbe. Drei alte Holztüren führen ins Freie. Hinter der ersten Tür befindet sich ein Kannibale, der seit 5 Monaten nichts mehr gefressen hat.
Hinter der zweiten Tür steht ein Cowboy mit einer geladenen Pistole.
Und hinter der dritten Tür wartet ein Pirat mit seinem Säbel auf dich.
Durch welche Tür kannst du durchgehen, ohne verletzt zu werden?
Tür 1, Tür 2 oder Tür 3?

27.) Es sieht aus wie eine Katze,
hat Haare wie eine Katze,
macht „Miau“ wie eine Katze
und ist doch keine Katze.
Was ist das wohl?

TIERWITZE

Das Telefon bimmelt.
Der Hund hebt ab
und meldet sich: „Wau!"
„Bitte?", fragt die Stimme am
anderen Ende der Leitung.
Der Hund wiederholt: „Wau!"
„Wer ist dort?"
„Wau! W wie Wilhelm,
A wie Anton, U wie Ulrich!"

„Ich kann fliegen",
rief der Wurm,
als er mit dem Apfel
vom Baum fiel.

Als ein Schwein
eine Steckdose sah,
fragte es:
„Hey, wer hat dich
denn da eingemauert?“

Ein Mann läuft mit einem Pinguin auf dem Arm durch die Stadt.

Passant: „Wo haben Sie den denn her?“

Mann: „Ist mir so zugelaufen! Was meinen Sie soll ich mit ihm machen?“

Passant: „Gehen Sie doch mit ihm in den Zoo!“

Nach ein paar Stunden treffen sich die drei wieder.

Passant: „Aber ich sagte Ihnen doch, gehen Sie mit ihm in den Zoo!“

Mann: „Waren wir ja, jetzt gehen wir ins Kino.“

Ein Hundenarr
zum anderen:
„Ich schwöre dir,
mein Dackel
kann sogar lügen.“
„Hör auf, das
gibt es nicht!“
„Na schön: Waldilein,
wie macht
die Katze?“
„Wau, wau!“

Zwei kleine Fische treffen
sich im Ozean.
Sagt der eine fröhlich: „Hei!“
Antwortet der andere
erschrocken: „Wo?“

Im Zoo trifft ein Elefant auf zwei Ameisen.

Holzwurmmutter zu ihren Kindern: „Und nun, husch, husch in euer Brettchen."

Fragen die Ameisen: „Wollen wir kämpfen?" Sagt der Elefant: „Zwei gegen einen ist unfair."

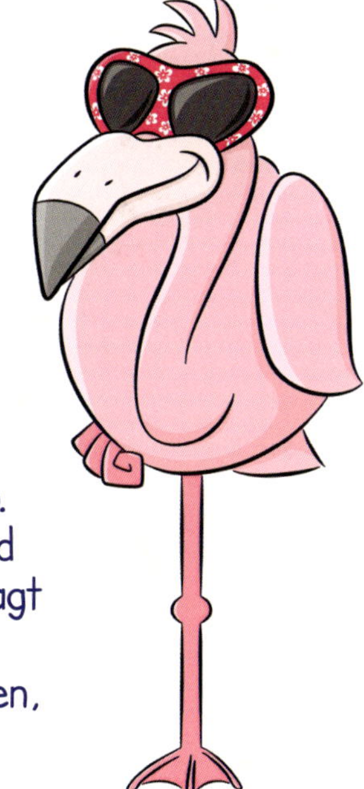

Die Geschwister besuchen den Zoo. „Warum wohl die Flamingos dauernd auf einem Bein herumstehen?", fragt Paul. „Bist du doof?", meint Alex. „Wenn sie das auch noch hochziehen, fallen sie doch um!"

Warum haben die Krokodile so flache Schnauzen? Nun, frühmorgens schlafen die Korokodile noch am Ufer, wenn die Elefanten zum Trinken an den Fluss kommen.

Treffen sich zwei Schnecken an der Straße.
Will die eine über die Straße gehen.
Sagt die andere:
„Vorsichtig, in einer Stunde kommt der Bus."

„Ihr neuer Hund sieht aber gefährlich aus!
Wo haben sie ihn denn her?"
„Er ist mir in Afrika zugelaufen.
Ich habe ihm nur die Mähne
etwas kürzer geschnitten."

Zwei Eisbären wandern durch die Wüste. Da sagt der eine: „Hier muss es aber glatt sein.“
„Warum?“
„Hast du denn nicht gemerkt, wie die hier gestreut haben?“

Junge: „Was ist ein Rotkehlchen?“
Schwester: „Ach, irgend so ein verrückter Fisch!“
Junge: „Hier steht aber: Hüpft von Ast zu Ast!“
Schwester: „Da siehst du, wie verrückt der ist!“

Zwei Tauben auf dem Dach beobachten,
wie ein Düsenjäger vorbeizischt.
Eine Taube: „Der hat es aber eilig."
Andere Taube: „Was würdest du denn machen,
wenn dir der Hintern brennt."

Es gehen zwei Zahnstocher
im Wald spazieren. Da läuft
ein Igel an ihnen vorbei.
Sagt der eine Zahnstocher:
„Wir gehen zu Fuß,
dabei fährt hier ein Bus."

Zwei Riesenschlangen ringen in
der Wüste um Leben und Tod.
Plötzlich zischt die eine:
„Du elendes Mistvieh, wer hat dir denn den
Seemannsknoten beigebracht?"

Ein Pferd sitzt im Bus.
„Das habe ich noch nie gesehen",
wundert sich der Schaffner,
„ein Pferd im Omnibus!"
„Sie müssen entschuldigen",
sagt das Pferd,
„aber ich habe meinen
Wagen in Reparatur."

Zwei Hundebesitzer unterhalten sich.
Der eine prahlt: „Mein Fifi kann inzwischen schon die Zeitung lesen." „Weiß ich", meint der andere, „mein Struppi hat es mir schon erzählt."

HIER STIMMT ETWAS NICHT!

In diesen zwölf Sprechblasen sind Begriffe zusammengestellt, die zueinander passen. Aber Achtung: Ein Begriff ist in jeder Reihe dabei, der nicht dazu passt. Kannst du ihn finden? Die Anfangsbuchstaben ergeben dann, in der Reihenfolge von 1–12 gelesen, den Namen eines großen Malers und Bildhauers.

3.) Celle
München
Bamberg
Nürnberg

4.) Handball
Dauerlauf
Weitspringen
Speerwerfen

5.) Kreuzbein
Schienbein
Nasenbein
Elfenbein

6.) Tintenfleck
Leberfleck
Obstfleck
Teerfleck

7.)
Arbeitslohn
Stundenlohn
Monatslohn
Wochenlohn
8.) Mittelmeer
Mittellinie
Mittelläufer
Nahrungsmittel
9.) Gegengewicht
Schwergewicht
Leichtgewicht
Mittelgewicht
10.) Oberteil
Hinterteil
Vorderteil
Einzelteil

11.)
Birke
Lärche
Ulme
Apfelbaum
12.) Regenmesser
Temperaturmesser
Obstmesser
Windmesser
NAME DES
GESUCHTEN MALERS
UND BILDHAUERS:

HEUTE SCHON GELACHT?

„Waren sie schon einmal auf Ibiza?" – „Nein." – „Dann müssen Sie doch Herrn Wendell kennen!" – „Wieso?" – „Der war auch noch nie da!"

Ein Schotte kauft sich eine Wurst an der Imbissbude und bekommt ein Tütchen Senf dazu. „Aber ich will gar keinen Senf." „Den gibt's umsonst." „Dann möchte ich bitte nur den Senf."

Kevin fährt seinen verbeulten Kleinwagen zur Tankstelle. „Waschen bitte!", sagt er zum Tankwart. „Bügeln auch?"

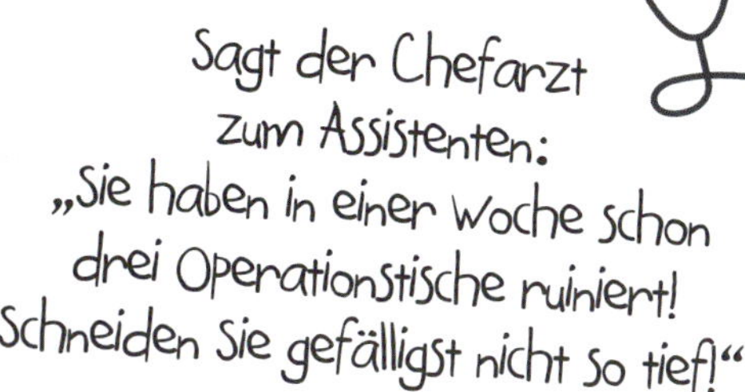

„Max", knöpft Vater sich den Sprössling vor, „als ich so klein war wie du, habe ich nie gelogen!" „Und wann hast du damit angefangen?", will Max wissen.

„Mein Mann geht abends mit den Hühnern schlafen." „Hat er denn auf der Stange Platz?"

Polizist: „Wenn das Licht nicht funktioniert, müssen Sie aussteigen!" Autofahrer: „Hab ich auch schon versucht, aber es geht trotzdem nicht."

„Kennen Sie schon unsere Schnecken?", fragt der Ober den Gast. „Ja, das letzte Mal bin ich von einer bedient worden."

„Mami, möchtest du ein Eis?" – „Nein." – „Gut. Jetzt frag du mich!"

„Herr Ober, der Hummer ist nicht frisch."
„Der ist heute morgen erst von der Nordsee hergekommen."
„Aha! Dann aber mit Sicherheit zu Fuß!"

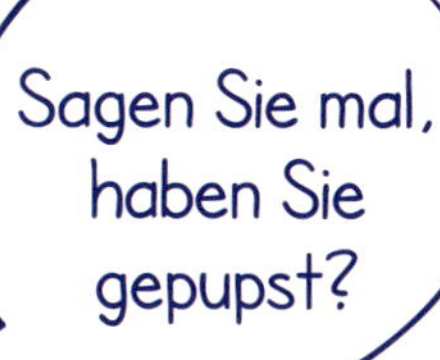

Natürlich, denken Sie, ich rieche immer so?

Ich habe ein Brötchen angerufen, aber es war belegt.

Schild in der U-Bahnstation: „Auf der Rolltreppe müssen Hunde getragen werden!"

Passant: „Und wo bekomme ich jetzt auf die Schnelle einen Hund her?"

„Du, Papa, weißt du, wieviel Zahnpasta in einer Tube ist?" – „Nein, mein Junge." – „Aber ich, fast vier Meter!"

Eine Frau geht zum Psychiater, um sich über ihren Mann zu beschweren: „Mein Mann ist verrückt! Zum Frühstück trinkt er den Kaffee aus und isst dann die Kaffeetasse mit. Nur den Henkel lässt er übrig!" Der Psychiater: „Das ist schon verrückt … der Henkel ist doch das Beste an der Tasse."

Eine reizende alte Dame unternimmt
ihre erste Seereise.
Steward: „Sind Sie zufrieden?"
Alte Dame: „Es ist alles wunderbar", erklärt sie
begeistert und zeigt auf das Bullauge.
„Vor allem der Wandschrank,
was da alles reingeht!"

Zwei Kinder laufen an einem ausgetrockneten See vorbei.
Sagt das eine zum anderen:
„Schau mal, der See ist weg!"
Sagt das andere Kind:
„Das war bestimmt ein Seeräuber!"

„Ich habe 15 Jahre gebraucht, um dieses Wiegenlied zu schreiben.“
„Warum so lange?“
„Weil ich immer wieder dabei eingeschlafen bin.“

Ich habe beim Bäcker angerufen, aber da war nur die Mehlbox dran!

Die Stewardess verteilt
im Flugzeug Kaugummis.
„Das ist gut für die Ohren."
Ein älterer Herr nach einigen Stunden:
„Können Sie mir mal sagen,
wie man das Zeug wieder aus
den Ohren herausbekommt?"

Ich habe einen Piloten angerufen,
der hat aber nicht abgehoben!

Johanna zum Papa:
„Ich wünsche mir als Geschenk
ein Pony zu Weihnachten."
Papa: „Geht in Ordnung."
Johanna: „Wirklich,
ich liebe dich über alles!"
Papa an Heiligabend: „So, Johanna,
dein Friseurtermin steht."

Droht die Mutter ihren Kindern:
„Wenn ihr weiter streitet,
geht ihr heute ohne Essen ins Bett!"
Fragt Jonas: „Was gibt es denn?"

„Aber Susi, warum legst du denn deinen
Teddybären in die Tiefkühltruhe?"
„Ich möchte einen Eisbären aus ihm machen!"

Ein Dinosaurier-Kind fragte seine Mutter einmal: „Komm ich in den Himmel, wenn ich tot bin?"
„Nein, mein Schatz, ins Museum."

Welche Lama-Art fliegt durch den Weltraum?

Das Allpaka.

Der kleine Jonas besucht
mit seiner Mutter eine Ballettvorstellung.
„Die Mädchen tanzen ja alle
auf Zehenspitzen!", flüstert er.
„Warum nehmen die nicht gleich größere?"

Meine Frau hat mich gebeten,
ihr den Lippenstift zu reichen.
Aus Versehen gab ich ihr Superkleber.
Sie spricht immer noch nicht mit mir.

„Kind, hast du nicht Lust,
mit dem Elektroelefanten
zu spielen?"
„Mama, ich bin schon 13.
Kannst du mir bitte
ganz normal sagen,
dass ich
staubsaugen soll?"

„Stellen Sie sich vor,
mein kleiner Hannes sitzt bereits,
obwohl er erst 6 Monate alt ist!“
„Nein, die heutige Jugend -
was hat er denn angestellt?“

Ich wollte Spiderman
anrufen, aber er hatte
kein Netz!

Oma zum Enkel:
„Du darfst dir von mir ein schönes Buch wünschen."

„Dann wünsche ich mir dein Sparbuch."

„Entschuldigung? Wo komme ich hin, wenn ich über diese Brücke gehe?" – „Auf die andere Seite."

„Mein kleiner Bruder wird Mittwoch getauft."
„Mittwoch? Blöder Name."

Wie nennt man einen Bären,
der laut „Kugel" schreit?
Kugel-schrei-bär!

Sohn fragt den Vater:
„Wo liegen eigentlich die Bermudas?"
Vater:
„Da musst du Mutter fragen,
die räumt doch immer alles auf!"

„Ich weiß auch nicht",
sagt der Sand zum Stein,
„aber ich fühle mich immer so zerstreut."

Wie nennt man einen Bumerang,
der nicht zurückkommt?
Stock!

„Ich wünsche mir ein Einhorn zu Weihnachten."
„Sei realistisch!"
„Ok. Dann wünsche ich mir die wahre Liebe."
„Welche Farbe soll das Einhorn haben?"

„Soll ich dir einen coolen Witz sagen?" – „Ja." – „Ok. Einen coolen Witz"

Zahnarzt zu Leon:
„Und welche Füllung soll ich reinmachen?"
„Am liebsten wäre mir Schokoladencreme."

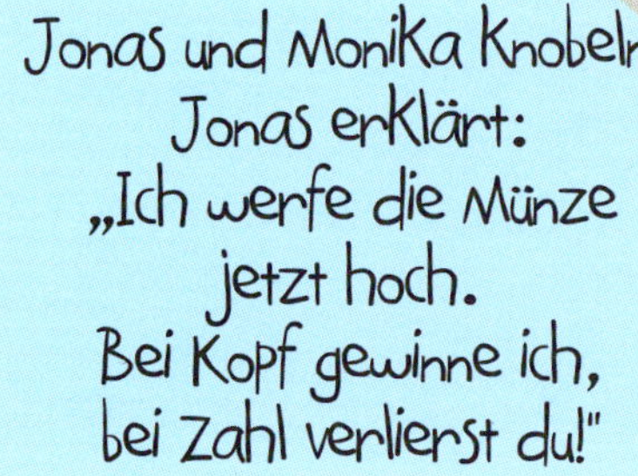

„Papa, warum fliegen
die Vögel in den Süden?"
„Das ist doch völlig klar:
weil es zu Fuß zu weit wäre!"

„Max, ich sagte doch, du sollst aufpassen,
wann die Milch überkocht!"
„Hab ich doch.
Es war genau fünf nach acht."

Sagt die eine Milch zu der anderen:
„Bist du auch so sauer wie ich?"

Eine Mutter bringt ihre Zwillinge
Tim und Tom ins Bett.
Der eine lacht und lacht,
da fragt die Mutter:
„Warum lachst du denn so?"
Darauf antwortet Tim:
„Du hast Tom zweimal gebadet
und mich gar nicht."

Eine Oma zeigt dem Busfahrer die Fahrkarte. „Das ist ja eine Kinderfahrkarte, meine Dame!", stellt der Busfahrer fest. Sagt die Dame: „Da können Sie mal sehen, wie lange ich auf diesen Bus gewartet habe!"

„Das Bild passt doch gar nicht in die Ausstellung für abstrakte Kunst! Die Landschaft wirkt ja ganz natürlich." „Stimmt, deshalb ist es ja auch kein Bild, sondern ein Fenster."

Kai zu seinem Freund Tim:
„Hast du schon mal eine Portion Pommes durch den Wald rennen sehen?" „Nein!", sagt Tim.
Darauf Kai: „Ha, da kannst du mal sehen, wie schnell die sind!"

Der kleine Julius ist gestürzt.
„Ist die Nase noch heil?", fragt die Oma besorgt.
„Ja, Omi, die zwei Löcher waren vorher schon drin!"

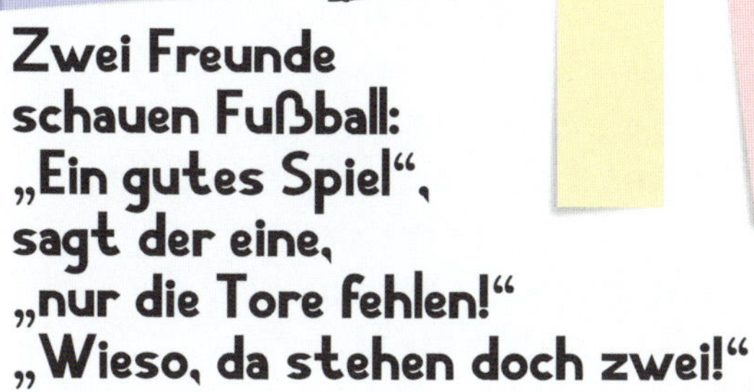

**Zwei Freunde schauen Fußball:
„Ein gutes Spiel", sagt der eine, „nur die Tore fehlen!"
„Wieso, da stehen doch zwei!"**

„Sagen Sie“, erkundigt
Frau Wagner sich
bei einem Aufseher,
„wie alt ist denn diese Mumie?“
„Fünftausend und 7 Jahre.“
„Wie kann man das
so genau wissen?“
„Ich arbeite hier seit 7 Jahren.
Als ich anfing, sagte man mir,
sie sei fünftausend Jahre alt.“

Kassierer im Kino:
„Mein Herr, das ist nun schon
die siebte Eintrittskarte,
die Sie innerhalb einer Stunde kaufen.“
Herr:
„Was soll ich denn machen?
Am Eingang steht ein Kerl,
der sie mir jedes Mal zerreißt!“

„Was ist ca. 5 cm lang, grün mit
gelben Punkten und ziemlich haarig?"
„Keine Ahnung!" –
„Ich weiß es auch nicht, aber es krabbelt
gerade an deinem Rücken hoch!"

„Mama, ich geh nach draußen
und gieß die Blumen!"
„Aber es regnet doch."
„Dann nehme ich einen Regenschirm mit!"

„Mami, ich bin in eine Pfütze gefallen."
„Mit deinen guten Sachen?"
„Ja, es war leider keine Zeit
mehr mich
umzuziehen."

DAS KLEINE RÄTSEL-ALPHABET

Es beginnt mit …

A

1.) Welcher Strudel ist nicht gefährlich?

2.) Wie heißt die Hauptstadt von Griechenland?

B

3.) Was berechnet der Mathelehrer und behandelt der Arzt?

4.) Was brennt Tag und Nacht ohne selbst zu verbrennen?

5.) Wer hat eine rote Nase, obwohl ihm nicht kalt ist?

6.) Welcher Stuhl hat keine Beine?

7.) Welche Welle macht nicht nass?

8.) Welche Bildung macht nicht intelligenter?

9.) Was muss man tun, bevor man aus einem Eisenbahnzug aussteigen kann?

10.) Welcher Stuhl hat keine Beine und kommt doch hoch hinaus?

11.) Welches Gemüse essen Vegetarier nicht?

12.) Wie sagt man auch statt Pampelmuse?

13.) Welcher Handwerker schlägt am wenigsten auf seine Ware?

14.) Welcher Schuh hat keine Sohle?

15.) Welcher Ring ist nicht rund?

16.) Welches Tier hat ganz viele Stacheln, ist aber nicht gefährlich?

17.) Welches Tier fährt auch über Straßen?

K

18.)
Welche Brille trägt man nicht auf der Nase?

19.)
Welches Gemüse ist immer lustig?

20.) Welche Schlange kriecht nicht, beißt nicht und hat auch keine Giftzähne?

21.) Welches Schloss baut man und baut man wiederum nicht?

22.) Wer reist ständig kostenlos um die Welt?

23.) Was ist noch ein anderes Wort für Zauberer?

24.) Wer hat einen Kopf und keine Füße?

25.) Was hat keine Füße und läuft trotzdem?

26.) Welche Feige genießt man lieber nicht?

27.) Statt „eirund“ sagt man auch?

28.) Welches Tier hat die Fähigkeit, dir nachzusprechen?

29.) Eine Stelle, an der ein Fluss oder Bach entspringt?

30.) Das Nashorn kennt jeder. Wie wird es noch genannt?

31.) Wie nennt man den Start- und Landeplatz eines Flughafens?

32.) Welche Bilder am Himmel kann man nur nachts sehen?

33.) Wie heißt die Flüssigkeit, die man bekommt, wenn man Obst oder Gemüse presst?

T

34.) Wie heißt die Behausung der Indianer?

35.) Was grünt im Sommer und im Winter, erfreut zur Weihnachtszeit die Kinder?

36.) Welchen Hang sollte man nicht hochsteigen?

37.) Wie heißen große Säugetiere, die im Wasser leben?

38.) Wie heißt ein harmloses Spinnentier, das sozusagen einen Berufsnamen hat?

39.) wie heißt das Musikinstrument, welches man mit Klangstäben spielt?

40.) Wer lebt von der Hand in den Mund?

41.) Was schmeckt besser als es riecht?

KURZGESCHICHTEN

Lese dir eine Geschichte durch. Auf der nächsten Seite stehen Fragen zu den jeweiligen Geschichten. Versuche diese zu beantworten, ohne die Geschichte erneut anzuschauen.

Marco ist 7 Jahre alt und geht in die zweite Klasse. Nach der Schule spielt er gerne Fußball mit seinen Freunden. Er ist sehr gut im Fußball, deshalb gewinnt seine Mannschaft auch oft. Wenn er dann abends nach Hause kommt, macht seine Mutter ihm oft Pfannkuchen mit Apfelmus, denn das ist Marcos Lieblingsessen. Am Wochenende fährt Marco mit seiner ganzen Familie an den Badesee zum Schwimmen. Das wird bestimmt toll!

Lara hat einen kleinen Hund namens Luna. Luna ist ein ziemlich wilder Hund und hat jede Menge Dummheiten im Kopf. Gestern hat Luna die schönen Tulpen von Laras Mutter ausgegraben und hatte sehr viel Erde in ihrem weißen Fell. Obwohl Lara immer hinter Luna aufräumen muss, liebt sie ihren Hund ganz besonders. Denn nur mit Luna kann man so viele Abenteuer erleben und am Abend so gut kuscheln.

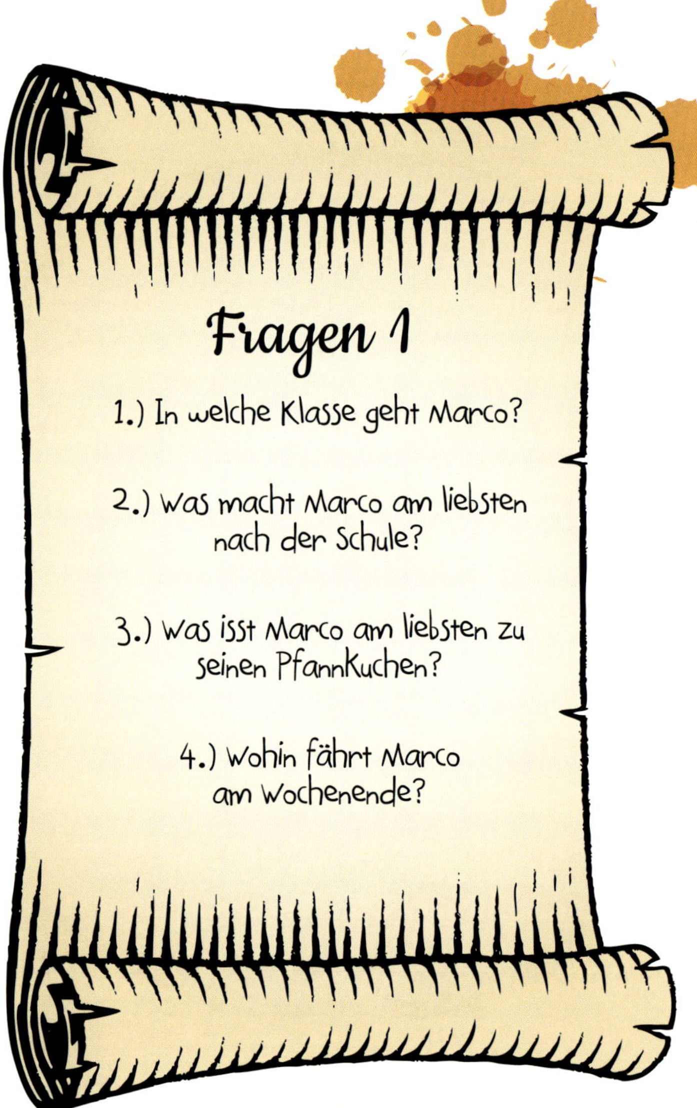

Fragen 1

1.) In welche Klasse geht Marco?

2.) Was macht Marco am liebsten nach der Schule?

3.) Was isst Marco am liebsten zu seinen Pfannkuchen?

4.) Wohin fährt Marco am Wochenende?

Fragen 2

1.) wie heißt die Besitzerin von Luna?

2.) was hat Luna gestern gemacht?

3.) welche Fellfarbe hat Luna?

4.) was Kann man mit Luna besonders gut?

Geschichte 3

Die Schüler und Schülerinnen der Klasse 4b haben für die Schulfeier ein kleines Theaterstück vorbereitet. Die Klassenlehrerin hat mit ihren Schülern ein wunderschönes Bühnenbild gemacht und ein paar Mütter haben sogar extra Kostüme für alle Kinder genäht. Die Klasse 4b führt dann am Vormittag das Theaterstück „Der Zauberlehrling" auf und gewinnt am Ende sogar einen Preis für die beste Aufführung der Schulfeier.

Geschichte 4

Julia möchte später, wenn sie groß ist, in einem großen Theater Balletttänzerin werden. Dafür geht sie 4-mal in der Woche in den Ballettunterricht. Ihre Lehrerin heißt Frau Schmidt und tanzt selbst schon seit vielen Jahren Ballett. Sie ist sehr stolz auf Julia, denn sie ist eine ihrer besten Schülerinnen. Nächste Woche hat Julia eine Vorführung mit ihrer Ballettgruppe. Sie ist schon ganz aufgeregt, denn ihre Eltern und ihre Oma werden zuschauen.

Fragen 3
1.) welche Klasse hat ein kleines Theaterstück vorbereitet?
2.) wer hat extra Kostüme genäht?
3.) wann führte die Klasse das Theaterstück vor?
4.) Gewann die Klasse etwas?

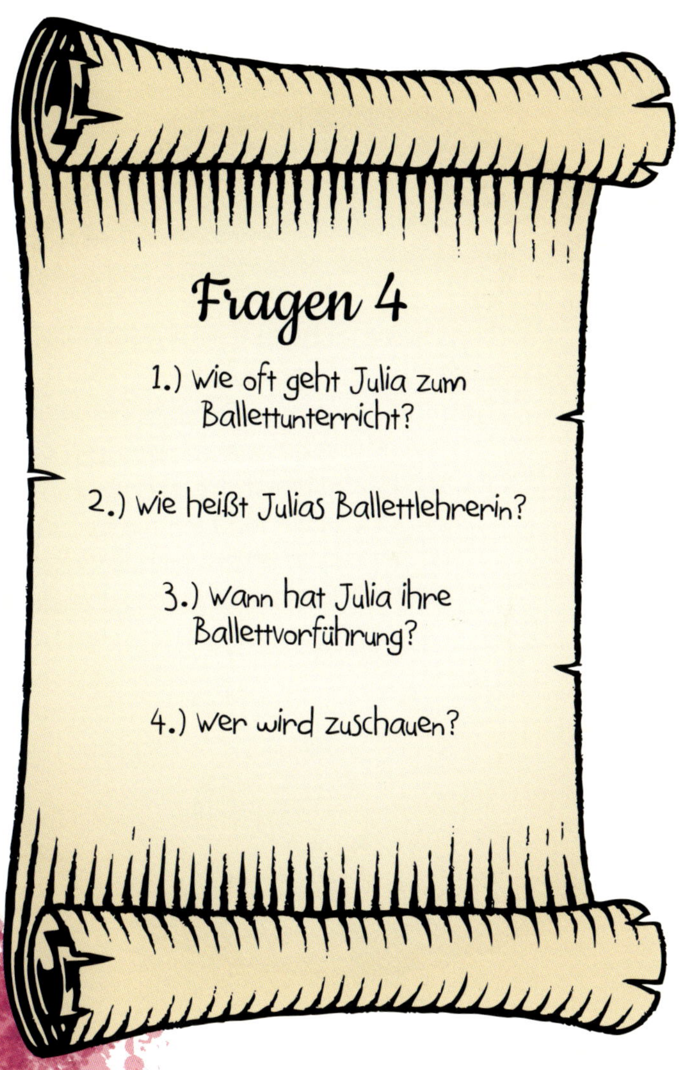
Fragen 4
1.) wie oft geht Julia zum Ballettunterricht?
2.) wie heißt Julias Ballettlehrerin?
3.) wann hat Julia ihre Ballettvorführung?
4.) wer wird zuschauen?

Leon und seine Schwester Lilly gehen heute mit ihren Eltern in einem großen Einkaufszentrum einkaufen. Sie machen einen kleinen Wettbewerb: Wer zuerst einen schönen Pullover findet, der gewinnt. Leon gewinnt mit einem schwarzen Pullover, mit einem riesigen T-Rex. Lilly ist etwas traurig, doch dann findet auch sie nach ein paar Minuten einen schönen Pullover. Dieser ist lila mit einer weißen Katze in der Mitte.

Zwei Freunde treffen sich in einem Café, um gemeinsam etwas Leckeres zu essen.
Der eine Freund bestellt sich ein Himbeertörtchen und eine große Tasse Kakao. Der andere Freund bestellt sich ein belegtes Brot und ein kleines Glas Apfelsaft. Beide genießen ihr Essen und unterhalten sich eine lange Zeit, sodass sie erst am Abend das Café verlassen. Sie fanden das Treffen wirklich toll und entscheiden, dass sie sich in 5 Tagen wieder treffen.

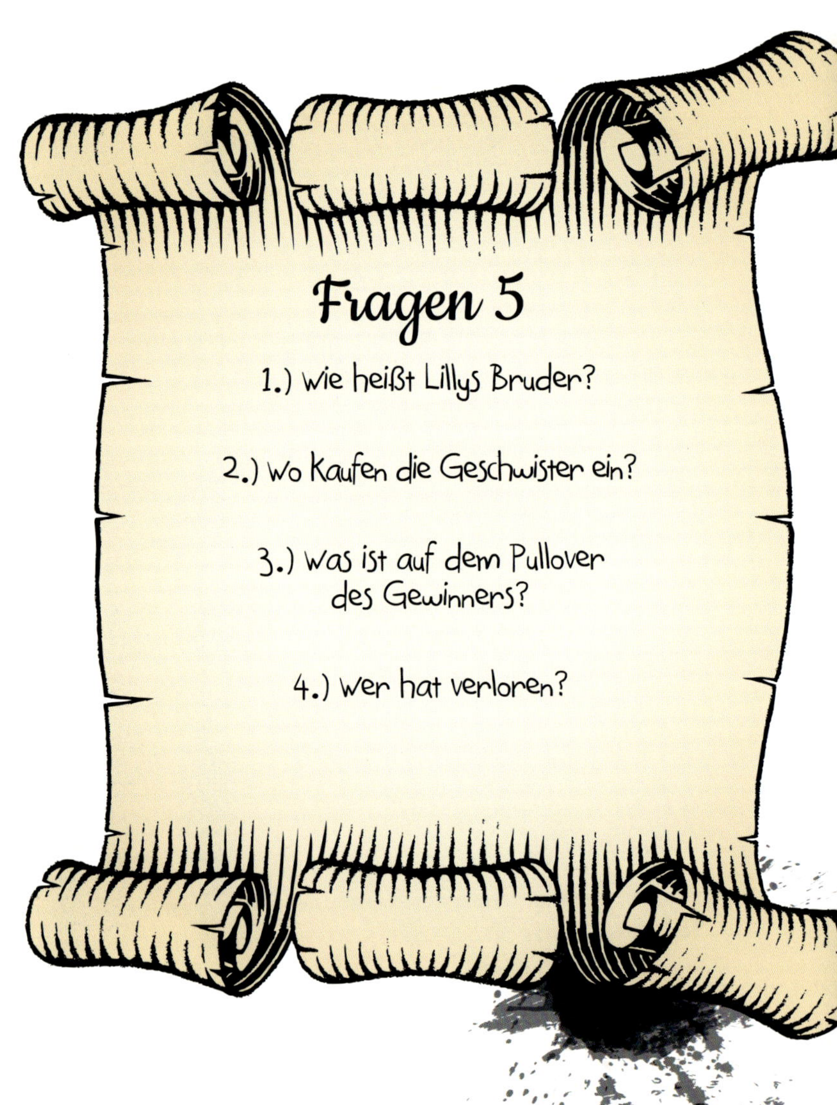

Fragen 5

1.) Wie heißt Lillys Bruder?

2.) Wo kaufen die Geschwister ein?

3.) Was ist auf dem Pullover des Gewinners?

4.) Wer hat verloren?

Fragen 6

1.) Wie viele Freunde treffen sich im Café?

2.) Was bestellen die Freunde zu essen?

3.) Wann verlassen sie das Café?

4.) Wann wollen sie sich wieder treffen?

SCHERZFRAGEN BERUFE

1.) Ein spanischer Gemüsehändler ist 1,74 Meter groß, hat einen Bauchumfang von 105 Zentimetern und trägt Schuhgröße 44. Was wiegt er?

2.) Welche Pille verordnet kein Arzt?

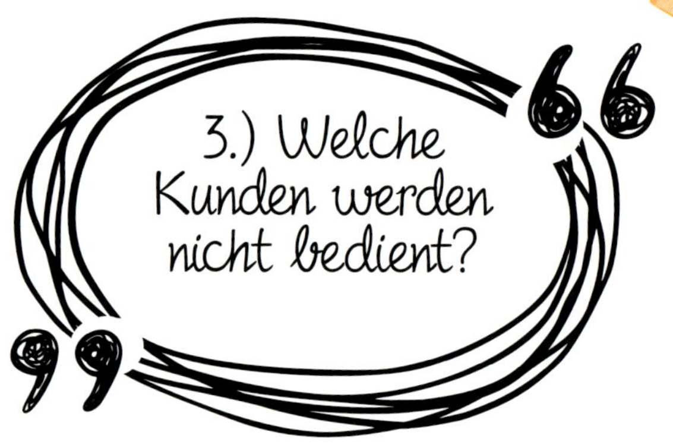

4.) Welche Handwerker essen am meisten?

5.) Was kann sich ein Bettler immer, ein Millionär aber nie verschaffen?

7.) Was ist der Unterschied zwischen einem Dieb und einem Arzt?

8.) Was macht ein Pirat am liebsten an einem Computer?

11.) Warum läuft die Krankenschwester auf Zehenspitzen am Medikamentenschrank vorbei?

12.) Welches Fieber kann kein Arzt messen?

14.) Welche Leiter nützt der Feuerwehr nichts?

15.) Welche Leute leben vom Rauch?

16.) Wie kommen Astronauten an wertvolles Eiweiß?

17.) Warum nimmt die Polizei immer eine Schere mit auf die Verfolgungsjagd?

18.) Wer verdient sein Geld im Handumdrehen?

20.) Wie kann ein Mann 8 Tage am Stück arbeiten, ohne zu schlafen?

21.) Wie unterscheidet sich der Bäcker von einem Teppich?

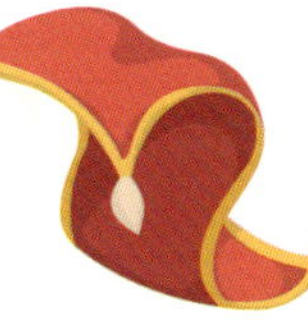

STADTPLAN

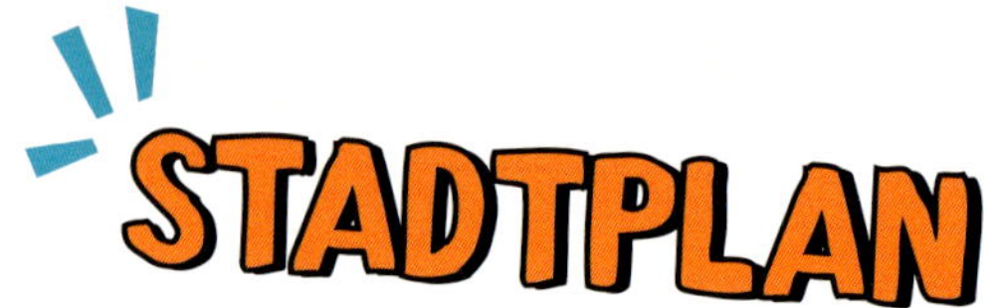

Schau dir einen Stadtplan genau an.
Auf der nächsten Seite stehen Fragen zu den jeweiligen Plänen. Versuche, diese zu beantworten, ohne den Stadtplan erneut anzuschauen.

STADTPLAN 1

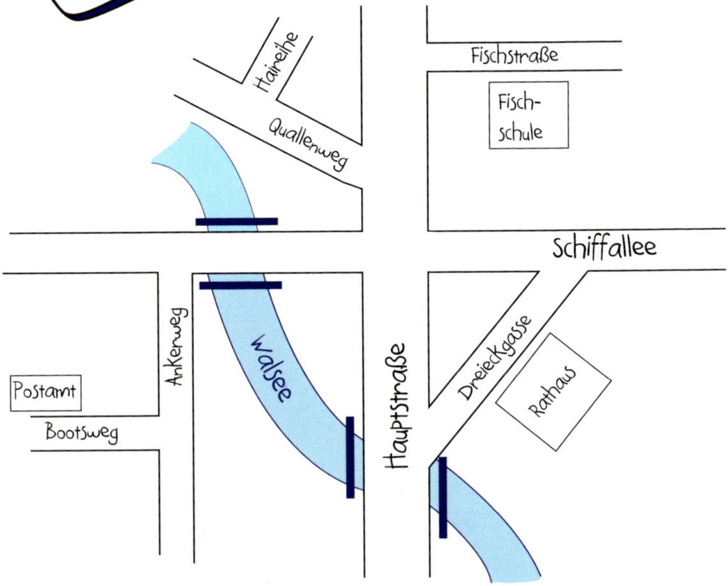

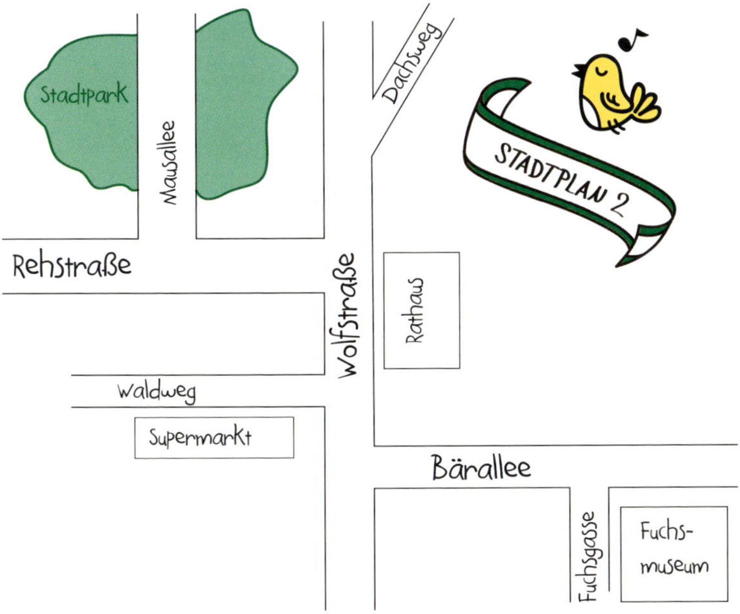

STADTPLAN 2

Stadtpark

Mausallee

Dachsweg

Rehstraße

Wolfstraße

Rathaus

Waldweg

Supermarkt

Bärallee

Fuchsgasse

Fuchs-
museum

Frage 1

1.) Wie kommt man von der Fischschule zum Postamt?

2.) Welche Straße verbindet die Hauptstraße und die Schiffallee?

3.) Wie viele Straßenbrücken gibt es über dem Walsee?

4.) Wie kommt man vom Rathaus zur Haireihe?

Frage 2

1.) Wie kommt man vom Supermarkt zum Fuchsmuseum?

2.) Wie heißt die Nebenstraße der Fuchsgasse?

3.) Welche Straße führt durch den Stadtpark?

4.) An welcher Straße steht das Rathaus?

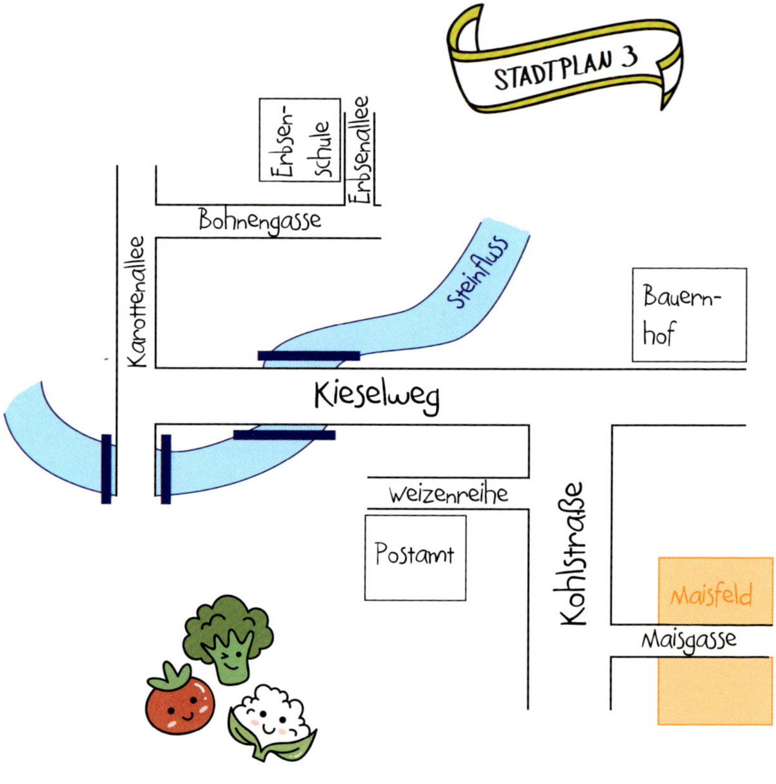

STADTPLAN 3

Erbsen-schule

Erbsenallee

Bohnengasse

Karottenallee

Steinfluss

Bauern-hof

Kieselweg

Weizenreihe

Postamt

Kohlstraße

Maisfeld

Maisgasse

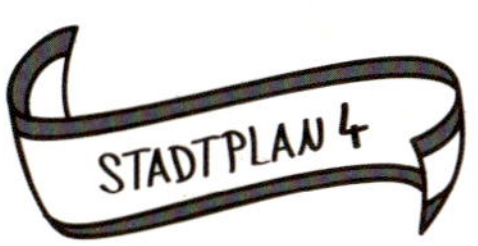

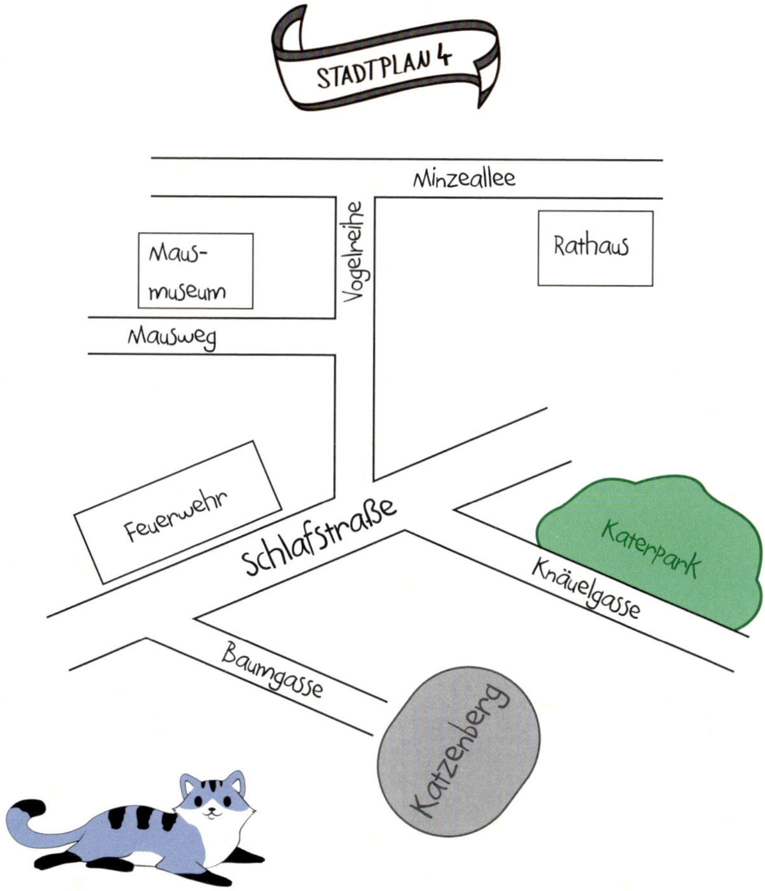
STADTPLAN 4
Minzeallee
Vogelreihe
Maus-
museum
Rathaus
Mausweg
Feuerwehr
Schlafstraße
Katerpark
Knäuelgasse
Baumgasse
Katzenberg

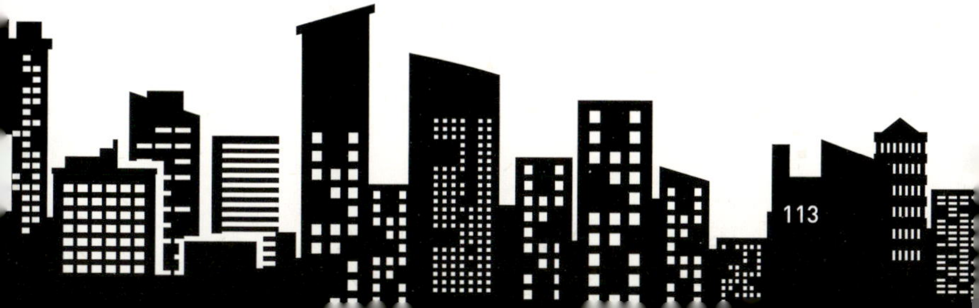

Frage 3

1.) Wie viele Straßen haben das Wort „Gasse“ im Namen?

2.) Wie kommt der Bauer zu seinem Maisfeld?

3.) Wie viele Straßenbrücken gibt es über dem Steinfluss?

4.) Wie kommt man von der Erbsenschule zum Postamt?

Frage 4

1.) In welche Straße kann man von der Minzeallee einbiegen?

2.) Welches Gebäude steht an der Schlafstraße?

3.) Wie kommt man vom Rathaus zum Katzenberg?

4.) Wie kommt man vom Mausmuseum zum Katerpark?

SCHERZFRAGEN ESSEN

1.) Was bekommt man, wenn man Spaghetti um einen Wecker wickelt?

2.) Was ist rot und sitzt auf dem WC?

3.) Mit welcher Gabel kann man nicht essen?

5.) Was ist braun, knusprig und läuft mit dem Korb durch den Wald?

6.) Was ist grün und klopft an die Tür?

7.) Was ist grün und schaut durchs Schlüsselloch?

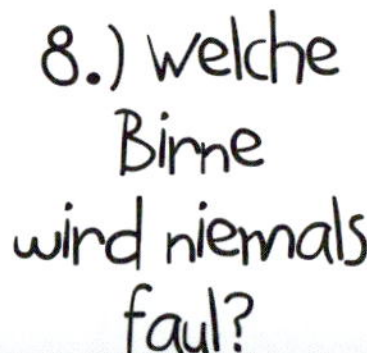

8.) welche Birne wird niemals faul?

9.) Was ist braun und schwimmt im Wasser?

10.) Was ist ein Keks unter einem Baum?

11.) Was ist orange und steckt traurig in der Erde?

12.) Welche Backware essen Rehe am liebsten?

13.) Welchen Kuchen kann man nicht essen?

14.) Auf welcher Tafel kann man nicht schreiben?

15.) Was ist haarig und wird in der Pfanne gebraten?

16.) Welche Nuss kann man nicht essen?

17.) Was ist weiß und springt im Wald umher?

18.) Welcher Wirt schenkt keine Getränke aus?

20.) Woran erkennt man, dass ein Elefant im Kühlschrank war?

21.) Welche Dose hat keinen Inhalt?

22.) Wie lautet der Vorname vom Reh?

23.) Was ist violett und
sitzt in der Kirche ganz vorne?

24.) Was ist braun, klebrig
und läuft in der Wüste umher?

25.) Was ist gelb, krumm und
schwimmt auf dem Wasser?

REIMFRAGEN

1.) Wenn man es braucht,
wirft man es weg.
Wenn man es nicht
braucht,
holt man es
wieder zurück.

2.) Welche Mäuse – rate mal –
fliegen über Berg und Tal?

3.) Harte Schale,
leckerer Kern,
wer mich knackt,
der isst mich gern?

4.) Hat kein Anfang und kein Ende,
doch schmückt er die Hände?

5.) Ich weiß ein kleines weißes Haus,
hat keine Fenster, Türen, Tore,
und will der kleine Wirt heraus,
so muss er erst die Wand durchbohren.
Wie heißt der seltsame Wirt?

6.) Es wächst im Gärtlein,
hat grüne Röhrlein,
hat viele Häute,
beißt alle Leute.

7.) Atemlos und ohne Atemnot
lebt es kalt doch wie der Tod.
Trinkt, obwohl es Durst nicht spürt.
Trägt einen Panzer, der nicht klirrt.

8.) Im Winter steht er still und stumm
dort draußen ganz in weiß herum.

9.) Am Schuh betreten,
im Buch erbeten.

10.) Ein Häuschen mit fünf Stübchen,
drin wohnen braune Bübchen.
Nicht Tür noch Tor führt ein und aus,
wer sie besucht, verzehrt das Haus.

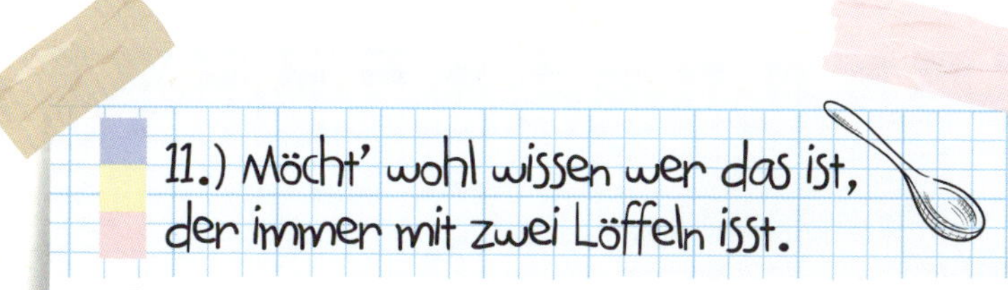

12.) Ich, ein kleines Tierchen, bin
die geübteste Jägerin.
In den Winkeln an den Mauern
pflege ich auf's Wild zu lauern,
ohne Hund und Schießgewehr.
Netze spann ich um mich her,
und mein Tisch bleibt selten leer.

13.) Höher ist's als jeder Baum,
Wurzeln hat's, die sieht man kaum.
Auch im Licht
wächst es nicht.

14.) Mit K bin ich Symbol der Ewigkeit,
mit G ein Bild vergehender Zeit.

15.) Welcher Igel,
eins, zwei, drei,
legt ein Mahagoni-Ei?

16.) Manchmal komm ich über Nacht,
fall vom Himmel leis und sacht.
Zäune, Dächer und Kirchturmspitzen
bekommen weiße Zipfelmützen.

17.) Was ist das für ein Häuschen,
ist kleiner als ein Mäuschen,
darin wohnt ein Tier,
gleich zeigt es die Hörner dir.

19.) Wer hat einen Kamm und kämmt sich nicht?
Wer hat Sporen und reitet nicht?
Wer hat viele Sicheln und schneidet nicht?

20.) Es geht und geht meist immer fort
und kommt doch keinen Schritt vom Ort.

21.) Was Vögel tun,
das sind gewisse Tiere,
die nicht zwei Beine
haben und nicht viere.

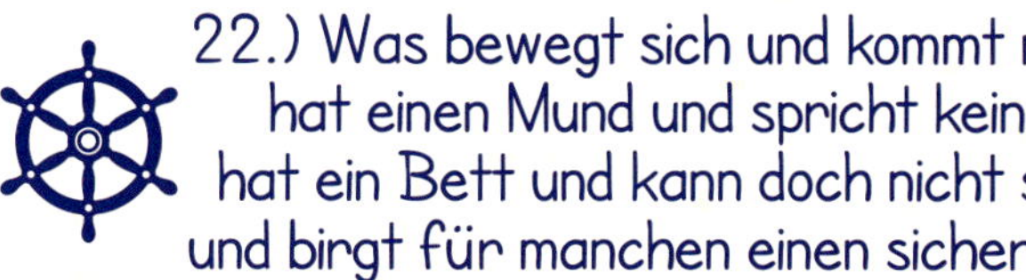

22.) Was bewegt sich und kommt nicht fort,
hat einen Mund und spricht kein Wort,
hat ein Bett und kann doch nicht schlafen,
und birgt für manchen einen sicheren Hafen.

23.) Das Erste ist ein wildes Tier. Das Zweite putzt du am Morgen dir. Zusammen ist es gelb und grün, du siehst es auf der Wiese stehn.

24.) Mit M umschließt es manchen Garten,
mit D trotzt es der Zeiten Lauf,
mit B muss es den Acker warten,
mit L steh'n Jäger oft darauf.

25.) Etwas, das alles und jeden verzehrt,
Helm und Panzer, Axt und Schwert,
Tier, Vogel, Blume, Ast und Laub,
aus hartem Stein mahlt es Staub,
stürzt Könige, verheert die Stadt,
macht Grades krumm, walzt Berge platt.

26.) Zwei Löcher hab ich,
zwei Finger brauch ich.
So mache ich Langes und Großes Klein
und trenne, was nicht soll beisammen sein.

27.) Die erste ein Buchstabe im
Alphabet, die zweite als Waffe, bei
Tieren ihr seht. Das Ganze als Baum
an der Straße oft steht.

KNOBELAUFGABEN

1.) Was wird vom Licht erzeugt und kann sich dagegen niemals wehren?

2.) Wer hört alles und sagt nie etwas?

3.) Wie viele Male kann man die 1 von der 20 abziehen?

4.) Du läufst bei einem Marathon mit und überholst den 2. Platz. Wievielter bist du?

5.) In welchen Zug passt nur ein Mensch,
egal wie man sich anstrengt?

6.) Wie viel Erde liegt in einem
50 cm tiefen und 40 cm breiten Loch?

7.) Wie viele Ecken haben
fünf Würfel zusammen?

8.) Welches Tier,
so hat man mir erzählt,
kommt schon als Hausbesitzer
auf die Welt?

9.) Es reist um
die Welt, bleibt
dennoch immer
im Eck.
Was ist das?

10.) Du hast ein Haus,
bei dem alle Seiten
nach Süden zeigen.
Ein Bär Kommt vorbei.
welche Farbe hat er?

11.) Wie kann man ein Rechteck mit drei Strichen zeichnen?

12.) Kannst du fünf aufeinanderfolgende Wochentage nennen, in denen kein „a" vorkommt?

13.) Was wünscht man sich, um es wieder herzugeben?

16.) Was antwortet in allen Sprachen?
Was spricht ohne Mund?
Was hört ohne Ohren?

17.) Was kommt, aber es kommt niemals an?

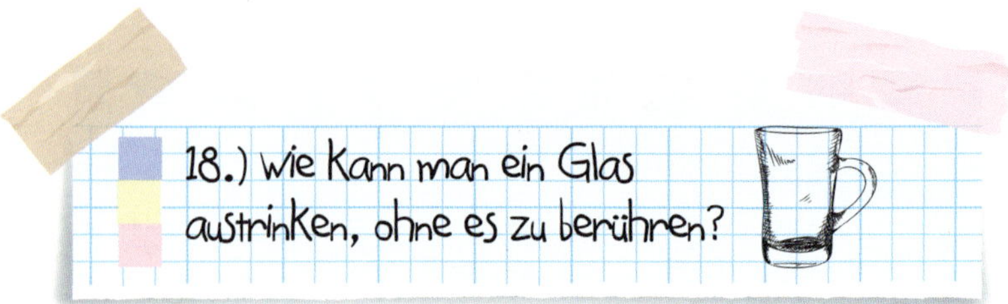

19.) Wo geht man durch ein Loch rein
und durch zwei wieder raus?

20.) Ich habe einen Ozean,
aber kein Wasser.
Wer bin ich?

21.)
Manche Monate haben 31 Tage und andere Monate haben 30 Tage. Welche haben 28 Tage?

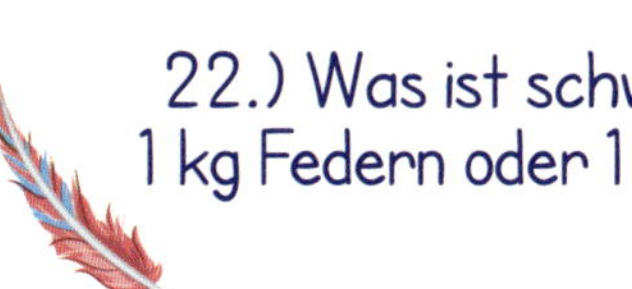

22.) Was ist schwerer –
1 kg Federn oder 1 kg Gold?

23.) Was haben Alexander der Große
und Pu der Bär gemeinsam?

24.) Was kommt einmal in jeder Minute,
zweimal in jedem Moment,
aber nie in tausend Jahren vor?

25.)
Es gehört dir,
aber die anderen gebrauchen
es häufiger als du selbst?

26.) In einem Bus befinden sich 16 Fahrgäste.
An einer Haltestelle steigen 6 davon aus
und 4 neue Fahrgäste ein.
Wie viele Personen sind jetzt im Bus?

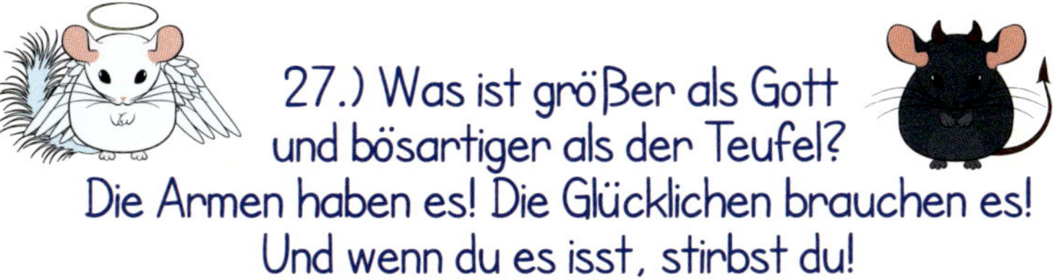

27.) Was ist größer als Gott
und bösartiger als der Teufel?
Die Armen haben es! Die Glücklichen brauchen es!
Und wenn du es isst, stirbst du!

28.) Kann eine Frau den einzigen Neffen des Onkels ihres Bruders heiraten?

29.) Wer trinkt etwas, was er nicht selber besitzt und hätte er es, würde er es nie trinken?

30.) In einer Familie gibt es fünf Köpfe und vierzehn Beine. Wie viele Menschen und wie viele Hunde sind in der Familie?

31.) An einer Gabelung sitzt einer, der immer und einer, der nie lügt. Mit welcher Frage kann man von einem von ihnen den Weg erfahren?

32.) Wie muss man einen Kugelschreiber auf den Fußboden legen, damit kein Mensch darüber steigen kann?

33.) In einem großen Stall sind
Hasen und Hühner zusammen eingesperrt.
Insgesamt kann man 35 Köpfe
und 94 Füße zählen. Wie viele Hasen
und wie viele Hühner sind in dem Stall?

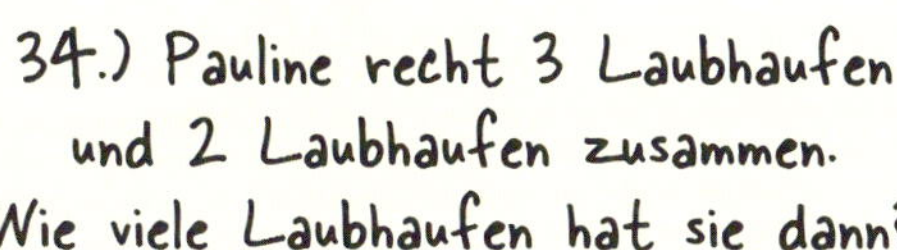

34.) Pauline recht 3 Laubhaufen
und 2 Laubhaufen zusammen.
Wie viele Laubhaufen hat sie dann?

35.) Es hat einen Rücken und
kann nicht liegen.
Es hat zwei Flügel und
kann nicht fliegen.
Es kann wohl laufen,
aber nicht gehen!
Was ist das?

GEMISCHTE SCHERZFRAGEN

1.) Was sagt der große Stift zum kleinen Stift?

2.) Wer hat viele kleine Zähne, aber keinen Mund?

3.) Warum hat der Mensch einen Kopf?

4.) Was ist grün und tut im Gesicht weh?

5.) Welcher Peter macht am meisten Krach?

6.) Warum sind Glatzköpfe friedliche Menschen?

7.) Welche Bahn fährt nicht auf Gleisen?

9.) Auf welcher Straße ist noch keiner gefahren?

8.) Warum sägt ein Mann die Beine seines Bettes ab?

10.)
Was sagt
der Hammer zu
einem Daumen?

11.) Welcher Zahn beißt nie?

12.) Was ist gelb und kann
nicht auf Bäume klettern?

13.) Was wird beim
Trocknen nass?

14.) Wann sagt ein Chinese:
„Guten Morgen"?

15.) Wenn Kinder in die Schule gehen,
wo sitzen die dann?

16.) Wie stellen sich Kinder
die ideale Schule vor?

18.)
Was ist bei einer Ameise groß und bei einem Elefanten klein?

19.)
Warum sind die größten Leute die faulsten?

21.) Welcher war der höchste Berg der Welt, bevor der Mount Everest entdeckt wurde?

22.) Wer führt ein aufreibendes Leben?

23.) Warum dauern die Sommerferien in der Schule sechs Wochen und die Winterferien nur zwei bis drei Wochen?

24.) Was muss man unbedingt tun, bevor man aufsteht?

25.) Was passiert,
wenn man ein grünes Hemd
ins Rote Meer wirft?

26.) Wer geht gerne früh nach Hause?

27.) Was setzt der Gärtner zuerst in
seinen Garten?

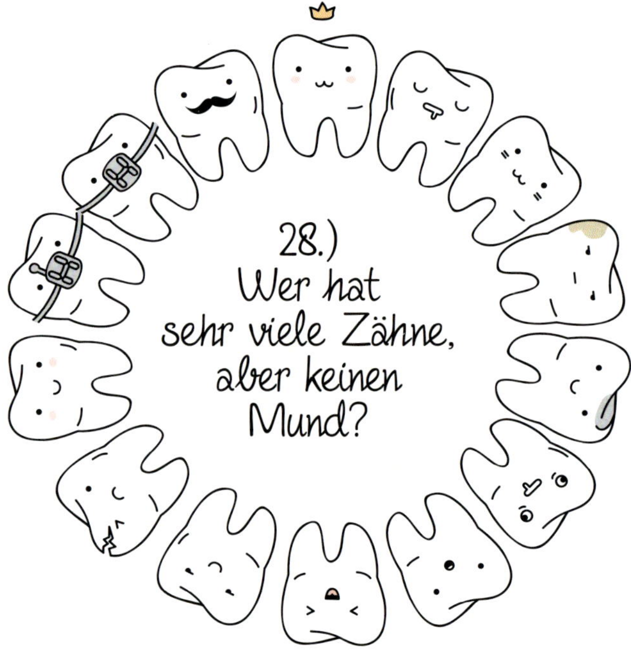

28.)
Wer hat
sehr viele Zähne,
aber keinen
Mund?

29.) Was macht den Schmerz so unangenehm?
30.) Was trägt eine Brille und kann dennoch nichts sehen?

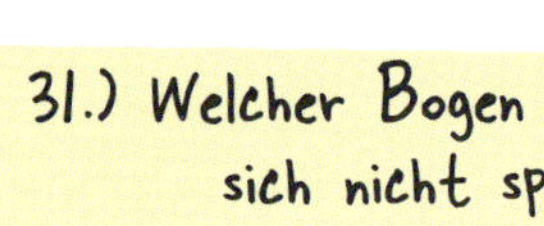

31.) Welcher Bogen lässt sich nicht spannen?

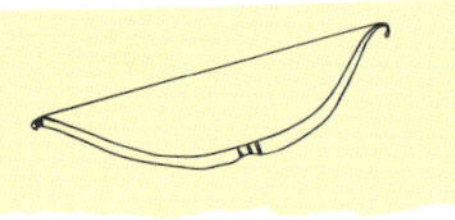

32.) Was ist der Mensch, der immer Ordnung hält?

33.) In welchem Land geht es schmal her?

34.) Wer liegt im Bett und wird nicht müde?

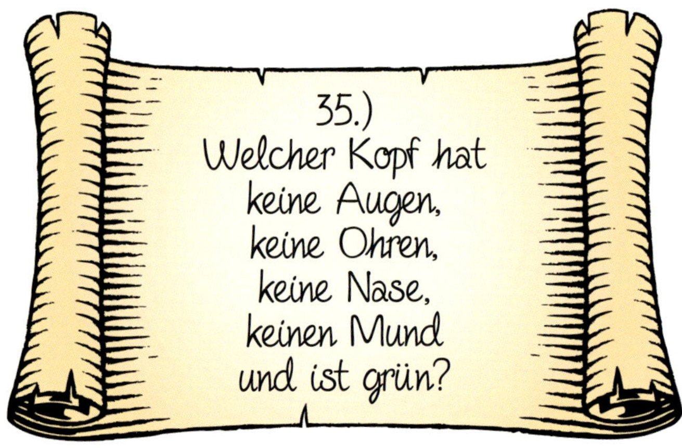

35.) Welcher Kopf hat keine Augen, keine Ohren, keine Nase, keinen Mund und ist grün?

37.) Was hat 4 Buchstaben, fängt mit „Po" an und man kann darauf sitzen?

38.) Wie kann man auf Wasser gehen?

39.) Was liegt zwischen Meer und Land?

40.) Welches Paket kann man bei der Post nicht abgeben?

41.) Welche Mutter hat keine Kinder?

42.) Wer tritt uns ungestraft ins Gesicht?

43.) Was hat zwei Beine und kann nicht laufen?

44.) Was liegt in der Mitte von Rom?

45.) Wer kann ohne Nase riechen?

46.) Was macht dreimal sieben?

47.) Welche Lichter brennen länger, Talglichter oder Wachslichter?

48.) Was sagt der Erbauer des Schiefen Turms von Pisa vor dem Baubeginn?

49.) Wer kann oft ohne Geld ausgehen?

50.) In welchem Hafen gibt es keine Schiffe?

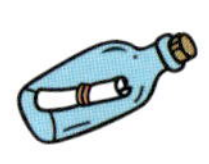

51.) Für welchen Bus braucht man keinen Fahrer?

52.) Welches Wasser kann nie gefrieren?

53.) Wann darf ein Bauer lügen?

54.) Welcher Baum benötigt keine Wurzeln?

55.) Was kann man niemals mit Worten ausdrücken?

56.) Welche Brücke fährt über keinen Fluss?

Bei einem Bilderrätsel, auch Rebus genannt, wird versucht ein Wort durch das Kombinieren von Bildern und Buchstaben zu erraten.
Findest du heraus, welches Wort gesucht wird?

+ D +

3.)

\+

T = W

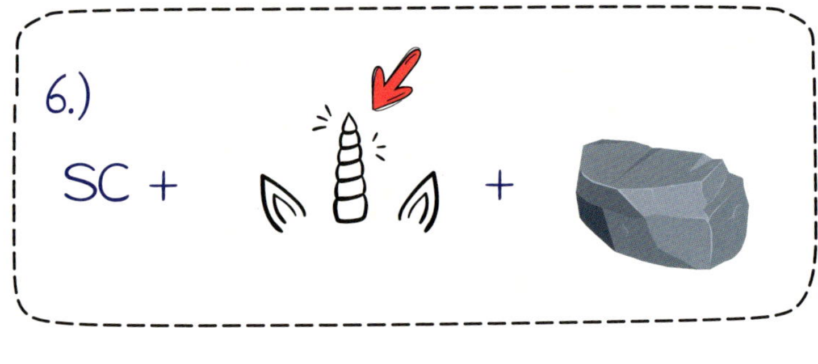
6.)
SC +
+

7.)
+
+ L
U = O

8.)
S = L
+
Ü = U ~~EL~~

9.)

+ +

U = O ~~RE~~ ~~BE~~

10.)

+ Z +

~~E~~ WA = FR

11.)

KARTENRÄTSEL (SEITE 10-11)

Karte 1: Lin Labaß ist Fußballtrainer.
Karte 2: Meike Ost ist Kosmetikerin.
Karte 3: Teo Murki ist Automechaniker.
Karte 4: Felice Sh. Asprini ist Filmschauspielerin.
Karte 5: Inga S. N. Kyrn ist Krankengymnastin.
Karte 6: Ralf A. Tuß ist Fußballtrainer.

FINDE DIE STADT (SEITE 24-27)

1.) Turin
2.) London
3.) Halle
4.) Essen
5.) Bern
6.) Warschau
7.) Mannheim
8.) Amsterdam
9.) Rom
10.) Wien
11.) Miami
12.) Berlin
13.) Moskau
14.) Paris
15.) Göttingen
16.) Tokio

TIERISCHE SCHERZFRAGEN (SEITE 28–33)

1.) Weil er keine Hühneraugen hat
2.) Eisbären und Pinguine am Nord- und Südpol
3.) Im Februar
4.) Pech- und Galgenvögel
5.) Wasserhahn
6.) Seine Federn
7.) Die Eintagsfliegen
8.) Im K-affe-e
9.) Ameise
10.) Eine Biene im Rückwärtsgang
11.) Der Zeisig, er ist hinter dem „Z" eisig.
12.) Die Motte, sie frisst nur Löcher.
13.) Bis zur Mitte, dann läuft er wieder hinaus.
14.) Ein Uhu mit Sprachfehler
15.) Wenn sie ins tiefe Wasser kommen
16.) Die kleinen
17.) Quark
18.) Ein Pony
19.) Setz dich drauf, dann merkst du es.
20.) Der Nasenbär und das Nashorn; eine im Gesicht und eine im Namen
21.) Weil der Schwanz nicht mit dem Hund wedeln kann

RÄTSEL (SEITE 34–47)

1.) Rauch
2.) Deinen rechten Ellenbogen
3.) 5 Kinder, vier Töchter und einen Sohn
4.) Tüte Popcorn = 4,50 €,
Päckchen Kaugummi = 0,50 €
5.) Mira ist ein kleines Mädchen und kommt nur bis zum sechsten Knopf.
6.) Die Zahl 22 (Du musst immer eine Zahl höher addieren: +1 +2 +3 +4 +5 +6)
7.) Einer war glatzköpfig.
8.) Es war ein Einkaufswagen, den sich die junge Frau auf einem Supermarktparkplatz ausgeliehen hat.
9.) Peter
10.) Du gibst 19 Kindern jeweils einen Apfel und einem Kind gibst du den Apfel mit Korb.
11.) Auch 4,5 km. Die Strecke bleibt gleich, da er immer noch den gleichen Weg läuft.
12.) Na, „Hai", was sonst?
13.) Die Sachen wurden von Kindern im Winter, zum Bau von einem Schneemann verwendet. Als es wärmer wurde, ist der Schneemann geschmolzen und die Gegenstände sind auf der Wiese zurückgeblieben.
14.) Dreiundzwanzig Tauben haben mehr

Beine. 23 Tauben x 2 Beine = 46 Beine. Ein Pferd 4 Beine + zwei Kühe 8 Beine + drei Spinnen 24 Beine + vier Hühner 8 Beine + fünf Fische 0 Beine = 44 Beine

15.) Gar nicht, denn das Schiff steigt mit der Flut.

16.) Der Bücherwurm legt eine Strecke von 40 cm zurück. Ein Buch, das vor dir im Regal steht, hat die Vorderseite seines Umschlages auf der rechten Seite und die Rückseite des Umschlages auf der linken Seite. Der Bücherwurm spart somit zwei Bände.

17.) Drei

18.) Hans bekommt 10,50 Euro und Peter erhält 9,50 Euro.

19.) Ein Schwamm

20.) Der fleißige Pfadfinder hat 16 Äste gesammelt. Der andere Pfadfinder hat nur 8 Äste gesammelt.

21.) Ebenfalls vier

22.) Drei

23.) Er nimmt zunächst die Ziege mit und setzt sie am anderen Ufer ab. Dann holt er den Wolf, setzt diesen ab, nimmt aber die Ziege wieder mit zurück. Jetzt holt er den Kohl, sodass Wolf und Kohl zurückbleiben. Dann erst kann er wieder die Ziege holen.

24.) Ebenfalls 22 Tage
25.) Lina
26.) Tür 1 ist die richtige Antwort. Der Kannibale, der schon seit 5 Monaten nichts mehr gefressen hat, ist sicherlich schon lange verhungert.
27.) Ein Kater

HIER STIMMT ETWAS NICHT (SEITE 56–59)

1.) Musterschüler
2.) Iltis
3.) Celle
4.) Handball
5.) Elfenbein
6.) Leberfleck
7.) Arbeitslohn
8.) Nahrungsmittel
9.) Gegengewicht
10.) Einzelteil
11.) Lärche
12.) Obstmesser

Der gesuchte Maler und Bildhauer ist: Michelangelo

DAS KLEINE RÄTSEL-ALPHABET (SEITE 82–89)

1.) Apfelstrudel
2.) Athen
3.) Bruch
4.) Brennnessel
5.) Clown
6.) Dachstuhl
7.) Dauerwelle
8.) Einbildung
9.) Einsteigen
10.) Fahrstuhl
11.) Fleischtomate
12.) Grapefruit
13.) Glaser
14.) Handschuh
15.) Hering
16.) Igel
17.) Jaguar
18.) Klobrille
19.) Kichererbse
20.) Luftschlange
21.) Luftschloss
22.) Mond
23.) Magier
24.) Nagel
25.) Nase
26.) Ohrfeige
27.) oval
28.) Papagei
29.) Quelle
30.) Rhinozeros
31.) Rollfeld
32.) Sternbilder
33.) Saft
34.) Tipi
35.) Tannenbaum
36.) Vorhang
37.) Wal
38.) Weberknecht
39.) Xylophon
40.) Zahnarzt
41.) Zunge

KURZGESCHICHTEN (SEITE 90–101)

Geschichte 1

1.) Marco geht in die zweite Klasse.
2.) Er spielt nach der Schule am liebsten Fußball.
3.) Er isst am liebsten Apfelmus zu seinem Pfannkuchen.
4.) Marco fährt am Wochenende an den Badesee.

Geschichte 2

1.) Lunas Besitzerin heißt Lara.
2.) Die Tulpen von Laras Mutter ausgegraben.
3.) Luna hat weißes Fell.
4.) Mit Luna kann man besonders gut Abenteuer erleben und am Abend kuscheln.

Geschichte 3

1.) Die Klasse 4b hat ein kleines Theaterstück vorbereitet.
2.) Ein paar Mütter haben extra Kostüme genäht.
3.) Das Theaterstück wurde am Vormittag vorgeführt.
4.) Ja, die Klasse gewann einen Preis für die beste Aufführung der Schulfeier.

Geschichte 4

1.) Julia geht 4-mal in der Woche zum Ballettunterricht.
2.) Ihre Ballettlehrerin heißt Frau Schmidt.
3.) Julias Ballettvorführung ist nächste Woche.
4.) Ihre Eltern und ihre Oma werden zuschauen.

Geschichte 5

1.) Lillys Bruder heißt Leon.
2.) In einem großen Einkaufszentrum kaufen die Geschwister ein.
3.) Auf dem Gewinner-Pullover ist ein T-Rex.
4.) Lilly hat den Wettbewerb verloren.

Geschichte 6

1.) Es treffen sich zwei Freunde im Café.
2.) Ein Freund bestellt sich ein Himbeertörtchen und ein Freund ein belegtes Brot.
3.) Sie verlassen am Abend das Café.
4.) Sie wollen sich in 5 Tagen wieder treffen.

SCHERZFRAGEN BERUFE (SEITE 102–107)

1.) Das Gemüse
2.) Die Pupille
3.) Die Sekunden
4.) Maurer, die verputzen ganze Häuser.
5.) Ein Armutszeugnis
6.) Den Wasserfall
7.) Der Dieb weiß immer, was den Leuten fehlt.
8.) Die ENTER-Taste drücken
9.) Die Anschrift
10.) Auf den Kopf
11.) Sie möchte die Schlaftabletten nicht aufwecken.
12.) Das Lampenfieber
13.) Staubsaugen
14.) Die Tonleiter
15.) Die Schornsteinfeger
16.) Mit Mayonnasa
17.) Damit sie den Weg besser abschneiden kann.
18.) Der Drehorgelspieler
19.) Ein Sattelschlepper
20.) Kein Problem, er schläft nachts.
21.) Der Bäcker muss schon um 4:30 aufstehen. Der Teppich darf liegen bleiben.

STADTPLAN (SEITE 108-115)

Stadtplan 1

1.) Fischstraße, Hauptstraße, Schiffallee, Ankerweg, Bootsweg.
2.) Die Dreieckgasse.
3.) Zwei
4.) Dreieckgasse, Schiffallee, Hauptstraße, Quallenweg, Haireihe.

Stadtplan 2

1.) Waldweg, Wolfstraße, Bärallee, Fuchsgasse.
2.) Bärallee
3.) Mausallee
4.) An der Wolfstraße

Stadtplan 3

1.) Zwei
2.) Kieselweg, Kohlstraße, Maisgasse.
3.) Zwei
4.) Erbsenallee, Bohnengasse, Karottenallee, Kieselweg, Kohlstraße, Weizenreihe.

Stadtplan 4

1.) In die Vogelreihe.
2.) Die Feuerwehr
3.) Minzeallee, Vogelreihe, Schlafstraße, Baumgasse.
4.) Mausweg, Vogelreihe, Schlafstraße, Knäuelgasse.

SCHERZFRAGEN ESSEN (SEITE 116–123)

1.) Essen rund um die Uhr
2.) Eine Klomate
3.) Fahrradgabel
4.) Eine Wanderine
5.) Ein Brotkäppchen
6.) Der Klopfsalat
7.) Ein Spionat
8.) Die Glühbirne
9.) Ein U-Brot
10.) Ein schattiges Plätzchen
11.) Ein Trübchen
12.) Eine Re(h)torte
13.) Den Pustekuchen
14.) Auf der Schokoladentafel
15.) Eine Bartkartoffel
16.) Die Kopfnuss
17.) Ein Jumpignon
18.) Der Landwirt
19.) Aus Brillengläsern
20.) Es sind Fußspuren in der Butter.
21.) Eine Steckdose
22.) Kartoffelpü
23.) Eine Frommbeere
24.) Ein Karamel
25.) Eine Schwanane
26.) Die Zuckerwatte

REIMFRAGEN (SEITE 124-131)

1.) Den Anker
2.) Die Fledermäuse
3.) Die Nuss
4.) Ein Ring
5.) Das Küken wohnt im Ei, bevor es schlüpft.
6.) Die Zwiebel
7.) Ein Fisch
8.) Der Schneemann
9.) Der Absatz
10.) Die fünf Kerne im Apfel
11.) Der Hase
12.) Die Spinne
13.) Der Berg
14.) Reis (Kreis und Greis)
15.) Die Kastanie
16.) Der Schnee
17.) Die Schnecke
18.) Ein Spiegel
19.) Der Hahn
20.) Die Uhrzeiger
21.) Lästige Fliegen
22.) Der Fluss fließt und ist immer noch da, er hat eine Mündung und ein Flussbett und es gibt Häfen.
23.) Löwenzahn-Blume
24.) Auer (Mauer, Dauer, Bauer, Lauer)
25.) Die Zeit
26.) Eine Schere
27.) Der Ahornbaum

KNOBELAUFGABEN (SEITE 132–141)

1.) Der Schatten
2.) Das Ohr
3.) Nur einmal, denn dann ist es die 19
4.) Zweiter
5.) In den Anzug
6.) Keine, denn es ist kein Loch mehr, wenn Erde drin ist.
7.) Ein Würfel hat 8 Ecken, somit haben fünf Würfel 40 Ecken.
8.) Die Schnecke
9.) Der Poststempel
10.) Weiß. Es kann nur ein Eisbär sein, da ein Haus, dessen Seiten alle nach Süden zeigen, nur am Nordpol stehen kann.
11.) Man zeichnet in ein Rechteck 3 Striche.
12.) Vorgestern, gestern, heute morgen, übermorgen
13.) Geld
14.) Sie spielt Monopoly und ist auf der Schlossallee gelandet.
15.) Der Atem
16.) Das Echo
17.) Der Morgen
18.) Mit einem Strohhalm
19.) Durch eine Hose
20.) Eine Weltkarte
21.) Alle. Jeder Monat hat 28 Tage.
22.) Beides ist gleich schwer.
23.) Das Wort „der" im Namen
24.) Das „M"
25.) Dein Name

26.) 15 Personen. 14 Fahrgäste und der Fahrer.
27.) Nichts
28.) Nein, denn es ist ihr Bruder.
29.) Ein Vampir
30.) 3 Menschen und 2 Hunde
31.) Eine Lösung ist die Frage: „Würde der neben dir Sitzende sagen, dass dies der richtige Weg ist?"
32.) Man muss den Stift direkt an eine Wand, auf den Boden legen.
33.) 12 Hasen und 23 Hühner
34.) Einen
35.) Die Nase

GEMISCHTE SCHERZFRAGEN (SEITE 142-155)

1.) Wachs-Mal-Stift
2.) Die Säge
3.) Damit der Regen nicht in den Hals läuft
4.) Ein Billardtisch
5.) Ein Trompeter
6.) Weil sie sich nie in die Haare kriegen
7.) Die Autobahn
8.) Damit er tiefer schläft
9.) Auf der Milchstraße

10.) „Schön, dich wieder zu treffen."
11.) Der Löwenzahn
12.) Ein Postauto
13.) Das Handtuch
14.) Wenn er Deutsch gelernt hat
15.) Nirgends, sie gehen ja noch.
16.) Geschlossen
17.) Zu den Mahlzeiten
18.) Das „A"
19.) Weil sie am längsten im Bett liegen
20.) Grau
21.) Der Mount Everest, er wurde halt nur noch nicht entdeckt.
22.) Der Radiergummi
23.) Weil sich bei Hitze alles ausdehnt und bei Kälte zusammenzieht.
24.) Sich hinlegen
25.) Es wird nass
26.) Wer über Nacht nicht zu Hause war
27.) Seinen Fuß
28.) Die Säge
29.) Das „m", sonst wäre es ein Scherz
30.) Eine Toilette
31.) Der Regenbogen
32.) Zu faul, um zu suchen
33.) In England
34.) Das Bettzeug
35.) Der Salatkopf
36.) Französisch
37.) Pony
38.) Man wartet, bis es Winter und richtig kalt ist.
39.) Und
40.) Das Muskelpaket
41.) Die Schraubenmutter

42.) Der Schweiß
43.) Eine Hose
44.) Der Buchstabe „o"
45.) Der Käse
46.) Feines Mehl
47.) Keine, beide brennen kürzer.
48.) „Wird schon schiefgehen!"
49.) Der Ofen
50.) Im Flughafen
51.) Für den Globus
52.) Heißes Wasser
53.) Wenn „pf" davor steht
54.) Der Purzelbaum
55.) Einen nassen Schwamm
56.) Die Eselsbrücke
57.) Der Deo-Roller
58.) Das Beispiel

BILDERRÄTSEL (SEITE 156-159)

1.) Federball
2.) Waldeule
3.) Regenwurm
4.) Erdbeere
5.) Fenster
6.) Schornstein
7.) Blumenkohl
8.) Maulwurf
9.) Mondschein
10.) Scherzfrage
11.) Frühling

Bildnachweis: Shutterstock 32pixels 147; abrastack 37; Abscent 143; Adrian Niederhaeuser 130; advent 31, 131; Afishka 1; Alena Kozlova 81; Alfmaler 7; Aleksei Martynov 53; alex74 149; Alexander_P Cover, 42, 154; Alina_chipmunk 113; AllNikArt 35, 67; Amornism 41; Anastasia Lembrik 54, 62, 119; Andrey1005 21; Andrii_M 158; andrykay 127; ankomando 66; ANNA ZASIMOVA 6, 9, 12, 15, 16, 18, 20, 22, 29, 38, 46, 49, 51-54, 56, 63, 69, 72, 73, 77, 79, 102, 107, 117, 121-123, 125, 130, 135, 139, 142, 144, 147, 152, 155, 166, 167, 169; AntiMartina 51; AntoninaDurda 106; Arcady 61; artbesouro 47; art_of_sun 51; ArtMari 58; ARTvektor 150; armi1961 168; Astarina 125; Auttapon Wongtakeaw 28, 49, 50; Avector 144; Belchatina 71; BeRad 37; Bimbim 154; bioraven 40, 109, 110, 112, 115, 118; bluezace 49; BoxerX 34, 35, 40, 43, 46, 107, 129; Chinch 3, 35, 37, 38, 40, 42, 44, 47, 141, 163; cidepix 80, 92, 93, 96, 97, 100, 101, 150; CNuisin 53, 134; Crisan Rosu 70; curiosity 128; Daniela Barreto 5, 9, 31, 143; Denis Cristo 76; Designer things 160; Diego Schtutman 64; Dos Gatos Studio 50, 55, 63, 140; Drobova Art 70, 139; EkaterinaP 123; Elina Li 91, 93, 95, 97; EstherQueen999 75; Eteri Davinski 23; Elina Li 8, 10, 11, 29, 34, 40, 45, 57, 61, 90, 92, 94, 96, 98, 99, 100, 101, 116, 136, 149; Epine 116; EwaNew 131; Faberr Ink 124; Forgem 13, 23, 33, 38, 55, 69, 78, 106, 121, 134, 149, 152; Fourleaflover 20, 36, 46, 64, 84-89, 165; FoxyBear 76, 162; Freud 18; Fribus Mara 142; GB_Art 91; Gazoukoo 4, 7, 17, 20, 30, 32, 48, 51, 56-59, 63, 71, 73, 103, 106, 118, 119, 133, 142, 146; gomolach 158; Gordana Simic 122, 136; GraphicsRF 95, 157; happy_fox_art 3; HappyPictures 72, 148; Hari_Aprianto 77; H Art 161; hchjjl 52; Helen Stebakov 75; Hipatia 139; Holla Wise 50; hudhud94 68, 105; iaRada 128, 158; Igor Zakowski 157; ilham arief 143; Inspiring 141; Irina Kolesnichenko 95; Irina Levitskaya_B 82, 83, 84; IXIES 56; Jenny_Sun 155; jirawat1 35, 36, 103; jirawat phueksriphan 68; JMCM 16, 67, 72, 145, 158; johavel 60; Jon Larter 57; josep perianes jorba 79; judyjump 136; Julia's Art 90; Julie A. Felton 10, 11, 19, 29, 32, 34- 36, 40, 41-43, 84, 85, 87, 104, 120, 127,129, 137, 149, 150, 159; JungleOutThere 138, 166, 167; Katherine84 158, 159; Kate Kit 102; Katsiaryna Pleshakova 26; Kapitosh 24-27, 47; Khaoniewping 19; Kir_S 28, 36, 117, 135; klyaksun Cover; kostolom3000 47; kotoffei 148; Kristyna Vagnerova 158; Kudryashka 32; lady-luck 38; larryrains 34; LDarin 71; Leks052 152; Lemonade Serenade 125; lineartestpilot 5, 30, 36, 44, 48, 53, 73, 104, 107, 126, 144, 151; liskus 40, 67; Lorelyn Medina 137; Liusa 105; Macrovector 5, 6, 9, 12, 14-16, 21, 22, 27-29, 31-34, 37, 41-43, 45, 47-49, 51, 52-54, 61, 62, 64, 66-69, 71-89, 105, 116-119, 121-127, 130-134, 136, 138, 140, 141, 143, 144, 146, 150, 151, 153-155, 157, 159; Magicnolia 59; Maquiladora 52; Margarita 118, 121; Margarita_V 115, 116, 119, 130, 133; Maria Averburg 68; MarijaPiliponyte 124; marina_ua 19, 102; MaxBod 139; Meilun 146, 171; Memo Angeles 159; merikovvectorart 157; mhatzapa 2-11, 16, 17, 23-26, 30, 32, 39, 40, 41, 48-50, 52, 54, 55, 58, 59, 60, 61, 62, 65-69, 72, 73, 79-81, 87, 94, 103, 107, 108, 109, 112, 113, 118, 122, 123, 126, 138, 154, 156, 158, 160, 164, 169; mickallnice Cover; MicroOne 120, 147; Milles Vector Studio Cover; Milyar Nastya 154; Moriz 175; Monster e Cover; Nadezda Barkova 69; Nadya 26; Nakinagi 110; Natalia Zelenina 91; Natasha Pankina 71; natsa 12, 15, 21, 22, 28, 124, 140; Nicoleta Ionescu 38; nikiteev_konstantin 137; Nikolaeva 31, 102, 120, 134; Nikulina Tatiana 55, 111; Noemi D 98; notkoo 107; NotionPic 45, 63, 127, 131, 142, 144, 155, 173; ogieurvil 64, 133; Oko Laa 51; olahgaris 159; Olga_Angelloz 70; Olga_draw 159; Olga Lebedeva 32; Olga Tagaeva 3, 157; olnik_y 135, 140, 157; ONEVECTOR 65; ONYXprj 44, 54, 117; osk1553 149; owatta 74; Panda Vector 137; Pattawin 74; Paul Kovaloff 140; Pavika Thummavuttikul 158; phipatbig 158; Pogorelova Olga 42; puruan 78, 144; Pushkin 14, 81, 104; ReeFSubagja 43; Reginast777 156; Refluo 18, 69, 98; Robert Kneschke 170; Roi and Roi 56-58, 114; rolfik 22, 153, 154; Rvector 151; R Vi 78; Sararoom Design 43; Sergei Boshkirov 146; schwarzhana 13; StarLine 10, 11; Stepanov Alexey 59; stickerama 56, 57; StockSmartStart Cover; StockVector 159; StrongPowerUwu 8; Studio Ayutaka 27; studiostoks 106; Sudowoodo 124, 137, 145; Sukhonosova Anastasia 147; Tamiris6 129; Taras Dubov 143, 157; Tartila 94; Teguh Mujiono 29, 156; thecutesketchbook 122; Thodoris Tibilis 77; timurockart 141; tn-prints 78; Toltemara 159; Tony Oshlick 153; TORI 7; Totostarkk9456 13, 146, 147, 150, 152, 155;vectorcity 4, 39;Vector Tradition 90, 91, 94, 95, 98, 99; VectorPlotnikoff 9; Victoria Sergeeva 62; Visual Generation 136, 156; Vlad PL 157; vladwel 58, 103; Volha Shaukavets 76, 99; WonderfulPixel 61; wowomnom 134; Yayayoyo 32;Zeligen 29; Zhe Vasylieva 19, 105; zizi_mentos 145; Zoran Milic 33;

Genehmigte Lizenzausgabe
NEUER FAVORIT VERLAG GmbH
Industriestraße 19
64407 Fränkisch-Crumbach 2019
www.neuer-favorit-verlag.de

Idee und Projektleitung: Sonja Sammüller
Layout, Satz und Umschlaggestaltung:
design cat GmbH

ISBN 978-3-8494-2700-9